Claudia Filker
Andrea Specht

Welt BEWEGERINNEN 2

Starke Frauen –
40 neue Geschichten

BRUNNEN
Verlag GmbH · Giessen

MIX
Papier aus verantwortungsvollen Quellen
FSC® C014138

www.brunnen-verlag.de
Umschlaggestaltung: Daniela Sprenger
Satz: Brunnen Verlag GmbH
Druck: Finidr s.r.o., Tschechien
ISBN Buch 978-3-7655-3634-2
ISBN E-Book 978-3-7655-7692-8

Inhalt

Neuanfang

Mehr als „die Frau von"

Mutiger Widerstand

Mit den Augen der Liebe

Frauen, die inspirieren und bewegen

Wir orientieren uns an Vorbildern, von Anfang an. In der Kindheit übernehmen wir Mimik, Körperhaltung, Sprache, den Umgang mit Emotionen, Werte und vieles mehr von den Menschen, die uns direkt umgeben. Wir sind Geschöpfe, die auf Beziehung und Miteinander angelegt sind, und werden ganz selbstverständlich am meisten von anderen Menschen geprägt.

Sie und ihre Geschichten faszinieren uns ein Leben lang: Wir verstehen uns durch andere selbst besser, grenzen uns ab und bekommen Möglichkeiten der Lebensgestaltung vor Augen geführt – und zwar in schier endloser Fülle, sobald wir erst einmal durch Bücher oder andere Medien aus dem eigenen Herkunftshorizont hinaustreten.

Mein großes Glück ist es, mich beruflich durch Biografien, Porträts und Interviews mit Menschen beschäftigen zu dürfen. Mit solchen, die mich auch privat inspirieren und herausfordern, mir helfen, mich immer wieder neu auszustrecken und zu verorten.

Seit 2019 gehört für mich dazu auch die Arbeit am jährlich erscheinenden FrauenTaschenKalender, in dem jeweils zwölf bemerkenswerte Frauen in Porträts vorgestellt werden – verfasst von Claudia Filker und mir. Aus den gesammelten Frauenporträts der letzten dreizehn Jahre haben wir vierzig der eindrücklichsten in diesem – bereits zweiten – Band der Weltbewegerinnen ausgewählt. Inspiration satt.

Dabei haben wir Frauen ein Denkmal gesetzt, die Mutiges gewagt, Neues ausprobiert, Bleibendes geschaffen oder Schwieriges zum Guten gewendet haben, die sich gegen bestehende Einschränkungen oder Ungerechtigkeiten gestellt oder selbstlos Nächstenliebe geübt haben. Frauen, die zu großer Bekanntheit gelangt sind, oder eher im kleinen Rahmen wirken. Frauen, die noch heute aktiv sind, und solchen, die sich vor vielen Jahren oder Jahrhunderten in einer Zeit durchgesetzt haben, in der für den weiblichen Teil der Bevölkerung viele, heute teils undenkbare Beschränkungen herrschten.

Wir stellen Ihnen hier vierzig wunderbare Frauen vor, die inspirieren. Deren Beharrlichkeit, Einsatz für andere, Liebe und Mut auch in Ihr Leben hineinstrahlen kann. Mit diesem Buch öffnen Sie einen Schatz – lassen Sie sich bewegen!

Ihre Andrea Specht
mit Claudia Filker

PS: Falls Sie am FrauenTaschenKalender, am FrauenPostkartenKalender oder dem ersten Buch der Weltbewegerinnen Interesse haben, schauen Sie gern auf die letzten Seiten dieses Buchs, dort werden sie vorgestellt.

ENGEL DER VERGESSENEN

KÄMPFE
NIE *gegen* ETWAS,
KÄMPFE NUR
für ETWAS!

STELLA DEETJEN

Stella Deetjen

Zurück ins Leben

Von Magenkrämpfen geplagt sitzt die Vierundzwanzigjährige auf den Stufen zum heiligen Ganges in Benares, Indien, als ein leprakranker Bettler ihr sanft die Hand auf den Kopf legt. Eine Begegnung, die Stella Deetjens Leben komplett verändert. Eigentlich wollte sie zurück nach Nepal, bevor ihr Fotografiestudium in Rom beginnen würde; Benares war nur als Kurztrip gedacht.

Doch sie bleibt. Ohne Berührungsängste und Vorurteile freundet sie sich mit den von Lepra gezeichneten Frauen und Männern an, die aus der Gemeinschaft ihrer Dörfer ausgestoßen wurden und nun auf Almosen der Pilger angewiesen sind. Die tragischen Schicksale der aussätzigen Menschen gehen ihr zu Herzen. Stella kann und will es nicht hinnehmen, dass die Leprakranken rechtlos und unberührbar sind, ihnen jede Würde und Perspektive genommen wird.

Als eines Tages auf Anweisung der Polizei alle Bettler gewaltsam abtransportiert werden, setzt sich die junge Frau kurzerhand mit auf die Ladefläche. Abgeladen in einem Gefängnishof, sind sie sich selbst überlassen. Stella kämpft unermüdlich – und schließlich erfolgreich – für die Freilassung.

Dann erfährt die junge Frau durch eine schweizerische Ärztin, dass Lepra kaum ansteckend ist und sogar durch eine Tablettentherapie geheilt werden kann. Hoffnung keimt in ihr auf. Bislang hatte sie nicht viel über die Krankheit gewusst. 1996, in einer Zeit ohne Internet, lässt sie sich eine Broschüre der WHO schicken und liest dort auch, wie die Wunden versorgt werden müssen, um die Folgen der Krankheit einzudämmen. Mit den 100 Dollar, die ihr die Schweizerin geschenkt hat, startet Stella zusammen mit einer niederländischen Krankenschwester eine improvisierte Straßenklinik. Von nun an säubert sie täglich eitrige, von Maden zerfressene Wunden, legt Verbände an und berührt die Kranken durch ihre bedingungslose Annahme und selbstverständliche Zuwendung.

Wo nötig, bringt sie die Kranken auf eigene Kosten ins Krankenhaus und besorgt Medizin. Auch führt die junge Frau mit denjenigen, die möchten, die zweijährige Tablettentherapie durch und findet passende und kreative Einkommensmöglichkeiten für die Leprakranken. Beides mit Erfolg.

Parallel ermöglicht sie den Kindern der Ausgestoßenen Schulunterricht und Perspektiven aus der Armut. Spenden aus Deutschland helfen, die Arbeit und Projekte auszuweiten. Schließlich gründet Deetjen mit einigen Mitstreitern den Verein *Back to Life e. V.,* der sich 2009 nach Nepal ausweitet – eines der ärmsten Länder der Welt, das Stella ebenfalls sehr am Herzen liegt. Auch hier bewegen sie Schicksale von Menschen, die ohne Unterstützung keinerlei Möglichkeiten haben, aus dem Kreislauf von Armut und Krankheit auszubrechen. In der abgelegenen Himalajaregion Mugu initiiert der Verein zahlreiche Projekte wie verbesserte Bildungschancen,

Landwirtschaftsschulungen, Einkommensförderung, Trinkwasserzugang, Geburtshäuser, ärztliche Versorgungscamps und vieles mehr.

Was als kleiner Verein über Mund-zu-Mund-Propaganda begann, erhält heute Spenden in Höhe von 1,5 Millionen Euro jährlich und erreicht 45 000 Menschen mit Hilfe zur Selbsthilfe. Stella Deetjen leitet den Verein als Geschäftsführerin und hat für ihr unermüdliches Engagement bereits viele Auszeichnungen und Ehrungen erhalten, darunter den *Womens World Award 2006.* (AS)

Stella Deetjen

geb. 1970 in Bad Homburg,
Entwicklungshelferin in Indien und Nepal

Kein Mensch ist
in Gottes Augen wertlos.
Er liebt die Menschen und
kann in jedem Gutes wecken.

In jedem!

Sabine Ball

Sabine Ball

Mutter Teresa von Dresden

1993 kehrt Sabine Ball nach Dresden zurück. Dorthin ist sie seinerzeit mit dem kleinen Bruder aus Königsberg geflohen. In der furchtbaren Bombennacht im Februar 1945 entkamen sie knapp dem Tod. Nun ist sie achtundsechzig Jahre alt. Während andere in diesem Alter ihren Ruhestand genießen, beginnt Sabine das vielleicht größte Projekt ihres Lebens. Trostlose Graffiti, innerlich verwahrloste junge Menschen und heruntergekommene Häuser in Dresden Anfang der Neunzigerjahre rühren ihr Herz und verbinden sich mit ihren Erfahrungen, die sie mit Straßenkindern und Drogensüchtigen in den USA gesammelt hat, verbinden sich mit ihrer grenzenlosen Liebe zu Menschen und ihrem ansteckenden Gottvertrauen. Zwei Koffer und 1500 Dollar Startkapital hat sie für eine verrückte Idee. Schon bald wird man sie die „Mutter Teresa von Dresden" nennen. Ihr faltiges Gesicht spiegelt immer noch ihre Schönheit wider, mit der ihr gelungen war, was sie sich als junge Frau vorgenommen hatte: „Ich heirate einen Millionär!"

Die schlimmen Kriegserfahrungen prägen ihr Lebensgefühl: Nichts hat Bestand in dieser Welt. 1949 wandert sie in die USA aus, hinein in eine oberflächliche Suche nach dem Schönen und Leichten. Nach Luxus und Glamour. Sabine erlernt den Beruf der Hotelfachfrau und arbeitet anschließend in einem Jachtklub in Miami in Florida. Dort findet sie „ihren“ Millionär. Sie findet, was sie suchte: sagenhaften Reichtum. Ein Leben im Überfluss, das allerdings schon bald zum Überdruss wird. Nach zehn Jahren entflieht sie mit ihren beiden Söhnen dem Alkoholismus ihres Mannes. Sie zieht nach Kalifornien. Auf der Suche nach Sinn hat sie Austausch mit Psychotherapeuten, Künstlern, Intellektuellen, unternimmt eine Reise nach Indien und verbringt Monate mit buddhistischer Meditation. Aber Sabine bleibt eine unruhig Suchende.

Sie lebt jetzt radikale Einfachheit, ist von den Hippies fasziniert. Um die jungen Leute von der Drogensucht zu befreien, erwirbt sie in der Nähe von San Francisco ein großes Stück Land. Dafür setzt sie ihr gesamtes Vermögen ein. Dort wird sie zur Hippiemutter, lebt in einer Kommune.

1972 begegnet sie Christen. Mit ihnen liest sie die Bibel. „Wie hat mich Gott berührt!“, wird sie später berichten. Endlich ist sie mit ihrem unruhigen Herzen angekommen!

Wieder ein Ortswechsel: Sie macht Erfahrungen als ehrenamtliche christliche Sozialarbeiterin in New York. Schließlich kehrt sie 1980 für kurze Zeit nach Deutschland zurück. Schon lange hat sie auf die monatlichen Zahlungen ihres geschiedenen Mannes verzichtet. Sie ist bereit, auch mit Putzen ihren Lebensunterhalt zu verdienen. Weniges genügt.

Nach der Wende eröffnet sie 1993 in der Dresdner Neustadt in einem ehemaligen Schnapsladen das „Café Stoffwechsel“, einen Treffpunkt für gefährdete Jugendliche und Kinder. Sabine Ball hat den Auftrag für ihren Lebensabend gefunden: „Denn wie sollen sie es wissen, dass es einen Gott gibt, der sie liebt und sie annimmt, so wie sie sind, dass er jeden Menschen als wertvoll ansieht?“ Sabine Ball sagt es ihnen. Buchstäblich bis zu ihrer letzten Stunde. (CF)

Sabine Ball

1925–2009, Hotelfachfrau, Sozialarbeiterin

Ich selbst
bin *eine Brücke*,
um die Menschen *in ihre*
persönliche Freiheit
zu führen.

Schwester Lorena Jenal

Lorena Jenal

Wer liebt, kriegt Kraft

Seit 1979 lebt Schwester Lorena in Papua-Neuguinea. Der Pazifikstaat ist die Liebe ihres Lebens. Da können die schönen Berge und Täler ihrer Schweizer Heimat einfach nicht mithalten. „Ich habe mich vor 40 Jahren in das Land Papua-Neuguinea verliebt. In seine Menschen. Und wer liebt, kriegt Kraft“, erklärt Lorena ihren unermüdlichen Einsatz.

1970 geht Lorena ins Kloster – „um der Freiheit willen“. Groß geworden in einem Bauerndorf in den Schweizer Bergen, kann sie sich als Nonne ihren Traum erfüllen: „Begegnung mit Menschen aus fernen Ländern und ein bisschen Glück für eine gerechtere Welt schaffen“. In Papua-Neuguinea ist sie mit einer Gesellschaft der Männerherrschaft und der Vielehe konfrontiert, Clans streiten miteinander. Schon bald findet Schwester Lorena „ihre“ Mission: den Frauen zu ihrem Recht verhelfen – das wird ihre Lebensaufgabe.

Wie aus dem Nichts taucht im Jahr 2012 – da ist die Ordensfrau schon über 30 Jahre im Land – ein neues Phänomen auf. Lorena nennt es den „Hexenwahn“. Sie wird zu einer Frau gerufen, die man aus ihrem Dorf entführt hatte und deren Geschlechtsteile verbrannt wurden. Auf diese Weise hatte die Dorfgemeinschaft eine vermeintliche Hexe bestraft; schließlich brauchte man einen „Schuldigen“ für einen unerklärlichen Todesfall.

Schwester Lorena rettet die gefolterte Frau. Weitere Opfer dieses Hexenwahns folgen. Lorena sucht nach Erklärungen für dieses entsetzliche Phänomen. Sie sieht hinter den Tätern eine überforderte Gesellschaft: Die moderne Zeit, der technische Fortschritt haben erst vor wenigen Jahren im Land Einzug genommen. Papua-Neuguinea durchlebt im Schnelltempo, wofür die westliche Gesellschaft 500 Jahre Zeit hatte.

Rohstoffvorkommen locken Investoren ins Land. Doch der Wohlstand kommt nur bei wenigen an und der Fortschritt bringt neues Elend: Alkohol, Drogen, Prostitution und Aids fordern ihre Opfer. Frauen mit blau geschlagenen Augen und gebrochenen Armen flüchten sich zu Schwester Lorena. Geborgenheit schenken und Trost spenden, Gewaltprävention in den Familien, Schutz für HIV-infizierte junge Frauen, die von ihren Familien verstoßen werden – auch das ist nun Schwester Lorenas Mission.

Die Franziskanerin ist eine starke, eine mutige Frau. Sie hat sich in den zurückliegenden 40 Jahren viel Respekt verschafft. Und sie ist davon überzeugt, dass sie auch das grausame Phänomen des „Hexenwahns“ in den Griff bekommen werden. Ihre Waffe ist Aufklärung. Schwester Lorena veranstaltet Workshops in den Kirchen. Gleichzeitig unterstützen sie junge einheimische Nonnen in Familienzentren, den „Mama-Groups“.

2018 erhält Lorena Jenal den Weimarer Menschenrechtspreis für ihre Arbeit in Papua-Neuguinea. Sie widmet ihn den Frauen des Landes, die so viel Unrecht erlitten haben. „Der

Preis soll ein Hoffnungsstein sein für den Bau eines neuen Zentrums." Dort sollen künftige Opfer Sicherheit finden, sich erholen und den Weg in ein selbstständiges Leben finden.

Wie Schwester Lorena das alles schafft? „Oft scheint mir, als hätte ich zwei Flügel, die mich tragen und meine Aufgaben leichter machen." So wird es wohl sein. (CF)

Lorena Jenal

geboren 1950 in der Schweiz,
engagiert sich seit 1979 für Frauen und Kinder
in Papua-Neuguinea.

Vertraue dem Herrn an,
was du vorhast,
dann werden
deine Pläne gelingen.

Sprüche 16,3

Ruth Winter

Ein Koffer in Berlin

„Ich habe halt den Eltern gehorcht." Mit einem schlichten Satz beschreibt Ruth Winter das eigentlich Unmögliche: Wie die Mutter über ihr Leben bestimmt. Die die Freundschaft mit dem jungen Bäcker Günther nicht will, obwohl sie schon fünf Jahre ein Paar sind. „Sie hat einfach meine Stelle in der Bäckerei gekündigt und mich im Diakonissen-Mutterhaus angemeldet." Ruth fügt sich und wird Diakonisse zur Probe. Vor sich selbst redet sie es sich gut: „Ich hab doch nur noch einen Lungenflügel. Ich passe nicht in eine Bäckerei." Als die Mutter ihr Schreibverbot erteilt, hält sie sich auch daran, und ihr Günther hört nichts mehr von ihr.

Nach fünf Jahren wird sie als Diakonisse eingesegnet. Eigentlich ein Bund fürs Leben. Doch es gibt eine Einschränkung im Gelübde: „Sofern uns Gott nicht einen anderen Weg führt."

Eines Tages entdeckt Ruth diesen anderen Weg. Ihr Blick fällt auf eine Anzeige in einer Kirchenzeitung: Ein nach einem Autounfall querschnittgelähmter Vater von zwei Kindern sucht eine Frau. Sie schreibt ihm. Es wird der einzige Brief sein, den der Mann erhält – und die beiden heiraten.

„Deine Diakonie geht weiter“, sagen ihr die Mitschwestern zum Abschied. Sechsundzwanzig Jahre pflegt sie ihren vom Hals an gelähmten Mann, bis zu seinem Tod.

Nach einer kurzen Ehe mit einem anderen Witwer wird sie wieder Witwe. Nun ist sie unabhängig, vierundsiebzig Jahre alt und voller Tatendrang. Mit drei jungen Leuten reist sie 2007 nach Berlin. Sie besucht die Berliner Stadtmission und hört von der Aktion „Berlin bei Nacht“. Ehrenamtliche werden gesucht, die im Winter einen mehrwöchigen Einsatz in einer Notübernachtung für Obdachlose machen. Sie meldet sich an. Denn sie fühlt sich nicht zu alt und kann doch planen, wie sie will. Und sie möchte helfen. Darin ist sie ja geübt.

Mit ihrem zweiten Mann erlebte sie das Weihnachtsfest immer in einem gediegenen Gästehaus. Alles war festlich – herrlich geschmückte Räume, prächtig gedeckte Tafeln – und doch wurde gemeckert. „Mir reichte dieses Wohlstandsweihnachten. Ich beschloss, ich will Weihnachten mit denen feiern, die keine Bleibe haben.“

Mit einem wie Heiko, der schon seit zwölf Jahren drogenabhängig ist. Und seit fünf Jahren in die Notübernachtung kommt. Mit Peter, den vor zehn Jahren seine Frau verlassen hat und der jetzt trinkt. Oder war es andersherum? Ruth hält das aus. Leiht ihr Ohr, gibt ihr Herz, schenkt die warme Suppe aus. Jede Nacht Dienst von 19 bis 1 Uhr nachts. Fünf Wochen lang. In dem Alter! „Ja, warum nicht?“, strahlt Ruth. „Ich bekomme so viel zurück.“ Sie feiert Weihnachten in der Notübernachtung. Günther wird bald dazu sagen: „Das ist Weihnachten im Stall. Die Obdachlosen, das sind doch die Hirten.“

Sie haben sich wieder gefunden! Nach fünfundvierzig Jahren, ihr Günther und sie! In dem Jahr fährt Ruth erneut nach Berlin. Nach einer Woche ruft sie bei Günther an: „Pack deine Koffer und komm zu uns nach Berlin." Er macht's. Der Bäcker vom schwäbischen Dorf fährt zu seiner Ruth in die Notübernachtung nach Berlin. Dort wird er ihr ein paar Monate später auch das Jawort geben. (CF)

Ruth Winter

1933–2021, ehemalige Diakonisse, Krankenschwester, begleitete im Ruhestand ehrenamtlich nichtsesshafte Menschen

Gott rettet
und befreit.

Daniel 6,28

Jutta Herbst-Oehme

Warum tust du dir das an?

Es ist immer der gleiche Geruch, der Jutta Herbst-Oehme entgegenschlägt, wenn sie die Tür zur Notübernachtung öffnet: diese Mischung aus Alkohol, Schweiß, warmem Eintopf, Kaffee, Schmutz. Nichts für zartbesaitete Gemüter. Dicht sitzen, hocken, liegen an manchen Abenden über hundertfünfzig Männer und wenige Frauen auf und unter den harten Holzbänken und wärmen sich auf. Viele dösen vor sich hin. Sie haben Zuflucht gefunden nach einem langen kalten Tag draußen auf der Straße. Das Leben ohne Dach über dem Kopf ist hart und anstrengend. Die Spuren dieses Lebens sind in die Gesichter gezeichnet. Manche haben den Weg nicht aus eigener Kraft hierhergefunden, sondern wurden vom Kältebus gebracht.

Hier ist jeder willkommen. Messer, Drogenbesteck, Schnapsflaschen werden abgegeben. Morgen werden sie wieder ausgehändigt, wenn es zurückgeht in die Kälte. Nach einem Frühstück und einem Mutmacher aus Gottes Wort. Dazwischen liegt eine warme Nacht mit einem Nachtlager, einem warmen Essen, heißem Tee. Und vielleicht auch ein Besuch bei der Obdachlosenärztin Jutta Herbst-Oehme. Einmal, manchmal sogar zweimal pro Woche hält sie Sprechstunde in ihrem kleinen Behandlungszimmer im Keller. Von 21 Uhr bis 1 Uhr in der Nacht. Ehrenamtlich, und das seit neun Jahren. Tagsüber arbeitet sie als Internistin in einer Berliner Gemeinschaftspraxis.

„Und warum tust du dir das an?!", haben Freunde gefragt. „Das" bedeutet manchmal lange Warteschlangen angeschlagener Menschen, das nackte Elend. „Weil es mir Spaß macht und weil es sinnvoll ist", so lautet auch nach den vielen Jahren ihre Antwort. Im Kindergottesdienst ihrer Kirchengemeinde hörte sie einen Vortrag über Obdachlosenarbeit. Über die andere Seite von „Berlin bei Nacht". „Ich biete meine Hilfe an", denkt die Ärztin ganz unerschrocken und tut es.

Unerschrockenheit und Neugier sind ihre Charaktereigenschaften, die passen für diese Herausforderung. Sie musste keine Berührungsängste überwinden. Läuse und Krätze schrecken sie nicht. Alle Folgen von Verwahrlosung behandelt sie nun Nacht für Nacht in ihren ehrenamtlichen Diensten. Kälte, Schmutz, Alkohol – die Menschen haben häufig Infektionen, schwer heilende Verletzungen.

Es hilft, dass Jutta Herbst-Oehme die Menschen nicht einfach zurück auf die Straße schicken muss, sondern ihnen eine Perspektive zeigen kann. Jeder, der möchte, kann weg von der Straße. Sie arbeitet in einem guten Team. Es gibt Wohnprojekte, die offen für alle sind. Doch die meisten ziehen weiter. Kommen morgen wieder oder kehren im nächsten Winter zurück. Haben überlebt und sitzen vielleicht wieder in Jutta Herbst-Oehmes kleinem Behandlungszimmer.

Wenn die Warteschlange nicht so lang ist, nimmt sie sich Zeit für ein Gespräch. „Ich habe viel gelernt. Wie schnell ein Absturz kommen kann. Manchmal denke ich, es kann jeden treffen. Und es ist erstaunlich, mit wie wenig ein Mensch leben kann.“ Wenn sie nachts in ihr gemütliches Zuhause fährt, ist sie oft einfach nur dankbar. Dass es ihr gut geht. Und dass sie etwas davon mit anderen teilen kann. Die Bundesverdienstmedaille, wie das Bundesverdienstkreuz offiziell heißt, wollte sie eigentlich ablehnen. Aber sie wurde nicht gefragt, sondern ihr wurde einfach der Termin für die Verleihung mitgeteilt. (CF)

Dr. Jutta Herbst-Oehme

geb. 1955, Internistin in Berlin

Wer die Zukunft
verändern will,
muss die *Gegenwart*
stören.

Catherine Booth

Catherine Booth

Konzentriert euch auf das Wesentliche!

Alkohol ist doch aller Übel Anfang! Catherine ist da radikal, mit sich und anderen. Selbst trinken kommt für sie schon gar nicht in Betracht, und anderen will sie das Teufelszeug auch austreiben.

So ist sie: Wovon sie überzeugt ist, dafür kämpft sie schon als Jugendliche. Das Elend des Alkoholmissbrauchs erlebt sie leidvoll an ihrem Vater. Catherine hat zwar eine angegriffene Gesundheit, ist von Jugend auf von Krankheiten geplagt. Und doch scheint ihre Energie fast grenzenlos. So trägt sie vieles auf dem Herzen. Zum Beispiel das Los der Frauen. Diese Ungleichheit! Diese himmelschreiende Ungerechtigkeit! Die Frauen rackern sich in den Fabriken ab, erziehen ihre Kinder oft ohne Männer und haben so wenig Rechte. Die feinen Bürgerfrauen sticken unnützes Zeug, anstatt sich um die zu kümmern, die Hilfe und Unterstützung so nötig hätten.

Auch deshalb gehören Frauen auf die Kanzel, findet Catherine. Es ist doch eine Schande, Begabungen einfach nicht zu nutzen! Natürlich sind das Mitte des 19. Jahrhunderts unerhörte Vorstellungen. Catherine ist ihrer Zeit weit voraus.

Ihrem Mann William, dem methodistischen Prediger, passen die radikalen, modernen Töne seiner geliebten Frau anfangs gar nicht. Aber er muss zugeben: Seine Catherine auf der Kanzel ist einfach überzeugend. Das finden übrigens auffällig viele Menschen, die in die Versammlungen strömen, wo sie die Catherine Booth hören. Es ist ja auch zu ungewöhnlich, zu revolutionär, was diese Frau sogar gedruckt unter die Leute bringt. 1860 hat sie mit ihren vier Kindern (acht werden es später sein) eigentlich genug zu tun, aber Catherine wagt es als erste Frau, der Bitte um Predigten zu folgen. Hinter vorgehaltener Hand flüstert man sich zu: „Die kann es ja besser als ihr Mann!" Als wenn es darauf ankäme! Konzentriert euch auf das Wesentliche und nehmt die wirklichen Herausforderungen an, ruft Catherine sinngemäß den Begeisterten und ihren Widersachern zu.

In vielen anderen Dingen sind sich William und Catherine einig. 1865 gründen sie in London die „Christian Mission", die Vorläuferorganisation der Heilsarmee. Mit welcher Liebe setzen sich die beiden großen Risiken aus und gehen zu denen, um die andere Bürger einen Bogen machen! Sie finden die armen, verwahrlosten Menschen in Hinterhöfen und schmutzigen Straßen Londons. Catherine hat den Blick für das Kleine, besucht Menschen in elender Behausung.

Und sie hat den Blick für das Große. Sie ist eine Visionärin, sie weiß, dass der Kampf gegen Elend und Not auch immer ein Kampf für gerechtere Gesetze ist. Darin lässt sie nicht locker. Es ist ihr egal, wenn andere sich das Maul zerreißen, ihr Auftreten peinlich finden. Unermüdlich schreibt sie Petitionen, Briefe an Politiker, an die Königin. Kämpft gegen Prostitution, für gerechtere Arbeitsbedingungen, um mehr Rechte für Frauen. Nennt Ross und Reiter, auch wenn es angesehene Herren der feinen Gesellschaft sind, die sich an jungen Mädchen vergehen.

Noch heute tun die Soldaten dieser außergewöhnlichen Armee an Orten ihren Dienst, die andere meiden – ihre Gründerin hat es ihnen vorgemacht. (CF)

Catherine Booth

1829–1890, Sozialarbeiterin und Evangelistin,
Mitbegründerin der Salvation Army (Heilsarmee)

Gott wirft uns die *Herausforderungen* vor die Füße – und wir *wachsen an ihnen!*

Christine Schmotzer

Christine Schmotzer

Engel der Kranken

Das „Leprosy Hospital" ist eine Oase mitten im Lärm der pakistanischen Großstadt Rawalpindi, einer Millionenmetropole. Auf grünen Rasenflächen unter schattigen Bäumen sitzen die Kranken auf Teppichen. Ursprünglich lag die in der Kolonialzeit im 19. Jahrhundert gebaute Klinik außerhalb der Stadt, weil die Leprakranken zu allen Zeiten und allen Orten auf der Welt aus den Dörfern und Städten in ein Lepraasyl verbannt wurden. So auch hier in Rawalpindi. Zu groß war und ist bis heute die Angst vor Ansteckung.

Dabei besteht zu Letzterem keine Veranlassung. Um die Bevölkerung in Nordpakistan, einem Gebiet fast so groß wie Deutschland, darüber zu informieren, hat Christine Schmotzer in den vergangenen 35 Jahren ein Aufklärungsprogramm über diese Krankheit und ihre Früherkennung aufgebaut. Denn: Lepra ist bei richtiger Pflege und ausreichenden Medikamenten heilbar. Doktor Chris, wie sie liebevoll genannt wird, und ihr Team bilden landesweit junge Medizinerinnen und Mediziner weiter und schulen medizinische Hilfskräfte in den Dörfern. Viele Augen- und Hauterkrankungen werden auf diese Weise gleich mitbehandelt.

1988 kommt Christine Schmotzer als ausgebildete Gynäkologin mit einer chirurgischen Spezialausbildung für Leprakranke nach Pakistan. Fünf Jahre später übernimmt sie die Leitung des Leprakrankenhauses, das jährlich 150 000 Patienten versorgt.

Seit die Zahl der Leprakranken aufgrund der guten Aufklärung und Früherkennung zurückgegangen ist, widmen sich Christine und ihr Team der Bekämpfung der Tuberkulose, einer gefährlich unterschätzten Infektionskrankheit. Obwohl auch sie gut mit Medikamenten zu behandeln ist, erkranken in Pakistan jährlich 500 000 Menschen daran. (In Deutschland sind es 5 000.) Vor allem Menschen mit schwachem Immunsystem werden die Bakterien zur Gefahr. So ist Tuberkulose wie Lepra eine Krankheit der Armen, weil häufig Unterernährten.

In den vergangenen Jahren ist Christine Schmotzer zu einer weltweit anerkannten Expertin für die multiresistente Tuberkulose (MDR-TB) geworden, bei der die herkömmlichen Antibiotika nicht mehr anschlagen. Mit ihrem Team entwickelt sie eine ausgeklügelte Behandlungsmethode. Ihre Expertise ist deshalb auch bei der Weltgesundheitsorganisation WHO gefragt. 2011 wird das „Rawalpindi Leprosy Hospital" zu einem der ersten pakistanischen Spezialkrankenhäuser für diese schwere Erkrankung.

Schon seit 1976 gehört Christine zur Schwesternschaft der Christusträger. Mit zwei Mitschwestern lebt sie in Rawalpindi in einer Lebens- und Glaubensgemeinschaft. Eine große Kraftquelle: „Wenn man in einem anderen Land oder in einer anderen Kultur ist, muss man einen offenen Geist haben und die Dinge so sehen, wie sie sind. Auf der anderen Seite muss man sich auch seiner eigenen Wurzeln und Lebensgrundlage bewusst sein."

2020 wird Christine Schmotzer die größte Ehrung Deutschlands zuteil: das Bundesverdienstkreuz. Bei der Verleihung in der Deutschen Botschaft in Pakistan würdigt der deutsche Botschafter ihren Einsatz: „In Rawalpindi und darüber hinaus ist sie weithin bekannt und respektiert als mitfühlende und hingebungsvolle Ärztin, die der Behandlung kranker und bedürftiger Menschen immer Priorität einräumt." Sie sei ein „Vorbild wahrer Menschenliebe". (CF)

Dr. Christine Schmotzer

geb. 1955, Gynäkologin, Lepra- und Tuberkulose-Expertin

UNERHÖRT!

*Gott ist
ein glühender Backofen
voller Liebe.*

Katharina von Bora

Katharina von Bora

Die Lutherin

Ein Pferdewagen rumpelt über unebene Wege. Seine kostbare Fracht ist ein verzagtes fünfjähriges Mädchen, das um seine verstorbene Mutter trauert. Unerbittlich schließen sich hinter Katharina von Bora die schweren Klosterpforten. Vermeintlich für ihr ganzes Leben. Hohe Mauern, verschlossene Türen, düstere Säle, in denen die Kälte im Sommer nicht weicht und im Winter bis in die Seele dringt.

Katharina wächst heran und stößt immer wieder innerlich und äußerlich an Mauern und Grenzen. Da ist Gott. Natürlich ist Er. Gott zu leugnen kommt ihr nicht in den Sinn. Doch der allmächtige Gott ist nicht der Barmherzige. Wer kann schon bestehen vor seinem strengen Gericht? „Wie viele Gebete, Kasteiungen, Beichten, Bußleistungen muss ich dir bringen, du großer Gott? Wann nur schaust du mich gnädig an?" Katharina sucht verzweifelt Frieden für ihr unruhiges Herz.

Doch da ist auch die helle Seite im Kloster: Katharina lernt Lesen und Schreiben – welch ein Vorrecht. Die Siechenmeisterin des Klosters fördert Katharinas Talent für die Heilkunst und führt sie in die Geheimnisse der Naturheilkunde, Apothekenführung und Krankenpflege ein. Eines Tages wird sie in Wittenberg nicht vor den todbringenden Pestepidemien fliehen, sondern Pestkranke medizinisch versorgen.

Der Flächenbrand, den Martin Luthers Schriften und Predigten entfachen, macht nicht vor den Mauern ihres Klosters halt. Nachts lesen die Schwestern heimlich Luthers hineingeschmuggelte Schriften. Was für aufregende Gedanken: Gott lässt sich nicht gnädig stimmen, Gott ist gnädig? So einfach soll Glaube sein? Katharina wagt diesen Glauben. Und im April 1523 flieht sie mit acht Mitschwestern aus dem Kloster in die Reformationsstadt Wittenberg.

1525 läuten für Katharina und Martin Luther die Hochzeitsglocken. Böse Zungen in ganz Europa zerreißen sich das Maul: Der abtrünnige Mönch heiratet die entlaufene Nonne! Ist diese Ehe nicht eine kühle Zweckgemeinschaft zweier einsamer Wesen?

Welten trennen Katharina vom modernen Gedanken der Selbstverwirklichung, der Suche nach dem richtigen Lebensentwurf, der freien Wahl oder des großen Lebensglücks, doch sie ergreift die Chance ihres Lebens. Aus dem unwirtlichen ehemaligen Augustinerkloster in Wittenberg macht sie ein gastfreies Haus. Sechs Kinder bringt sie zur Welt, neun Pflegekinder von verstorbenen Verwandten nimmt sie auf. Mit kluger Hand führt sie das Wirtschaftsunternehmen Luther. Mit Braukunst, Viehwirtschaft, Landwirtschaft schafft sie so manchen Gulden herbei, der bitter nötig ist.

Wertschätzung, zärtliche Liebe, große Hochachtung vor den Aufgaben und der Klugheit seiner Frau sind der Nährboden, auf dem die zwanzigjährige Ehe zwischen Katharina und Martin Luther gedeiht. (CF)

Katharina von Bora,

1499–1552, Ehefrau von Martin Luther, Unternehmerin

Wer den Krieg

gewinnt,

hat den

Frieden verloren.

Unbekannte Verfasserin

Esther Chang

Schmugglerin des Lichts

„Jesus Freak" – dieses verhasste Stigma beschert Esther Chang* in ihrer Kindheit viele Nachteile, Demütigungen und Ausgrenzung. Dabei glaubt einzig ihr Großvater an Jesus. Esther und ihre Familie – koreanischstämmige Chinesen – wollen mit diesem Jesus nichts zu tun haben. Das ändert sich, als die junge Frau für ihre erste Arbeitsstelle nach Shenyang zieht und dort einen Gottesdienst der offiziellen Kirche Chinas besucht.

Die 19-Jährige ist tief bewegt von dem, was sie erlebt. Kurz darauf wird Esther in die Untergrundkirche Chinas eingeführt, deren Mitglieder sich illegal und unter großer Gefahr treffen. Schnell wächst Esther zu einer reifen Christin, die anderen ein mutiges Vorbild im Glauben ist. Sie spürt: Gott beruft sie, sich und ihr Haus für die nordkoreanischen Flüchtlinge zu öffnen, die nach China kommen.

Die ausgehungerten, oft verrohten, kranken Menschen, die bald darauf bei ihr ein und aus gehen, bringen sie und ihre kleine Familie täglich an die Grenze des menschlich Er-

---

* Name aus Sicherheitsgründen geändert

träglichen. Esther wird bestohlen, kauert sich zum Schlafen auf den Boden, ihre Familie steckt sich wiederholt mit eingeschleppten Hautkrankheiten an und bekommt selbst kaum genug zu essen. Doch gleichzeitig nehmen viele Nordkoreaner das Evangelium der Liebe an – Menschen, die bislang weder Hilfsbereitschaft noch Nächstenliebe erfahren haben.

Schließlich führt Gott Esther aus beruflichen Gründen nach Nordkorea, das verschlossenste Land der Welt. Was die Gläubige hier sieht, erschüttert sie zutiefst: ausgemergelte Menschen, liegen gelassene Hungertote, eiskalte Gleichgültigkeit, der brutale Kampf ums nackte Überleben sowie eine allgegenwärtige lähmende Angst. Denn schon der kleinste Fehltritt kann zu einer Hinrichtung führen.

In Esther flammt die brennende Sehnsucht auf, diesen Menschen von Gottes Hoffnung und Erlösung zu erzählen. Im Schutz der Nacht sucht sie Familie um Familie auf, lehrt sie nächtelang, betet und singt mit ihnen, ermutigt sie, sich Jesus mit all ihren praktischen Nöten anzuvertrauen. Viele beginnen, Jesus nachzufolgen, schöpfen neu Zuversicht und erleben Wunder.

Doch schließlich bekommt die Regierung Wind von Esthers verbotenen Tätigkeiten. Die Missionarin wird verhaftet und niemand glaubt daran, dass sie die berüchtigten Verhöre überleben wird. Genug liegt gegen sie vor, um sie sofort zum Tod zu verurteilen. Mit einem Mut, über den sie selbst staunt, steht sie den Beamten gegenüber und hört sich sogar klar Jesus predigen. Durch ein unfassbares Wunder kommt die Wendung – und Esther kehrt nach Hause zurück. Kaum ist sie wieder bei Kräften, arbeitet sie weiter für die Flüchtlinge und führt viele Nordkoreaner zum Glauben.

Dann landet Esther wegen falscher Anschuldigungen in einem chinesischen Geheimgefängnis. Doch auch hier übersteht sie mit Gottes Kraft fünf Wochen unter unmenschlichen Bedingungen und hinterlässt deutliche Spuren von Liebe. Als sie wenig später als Flüchtlingshelferin auffliegt, flieht sie mit ihrer Familie ins Exil, um ihrer mutmaßlichen Hinrichtung zu entkommen.

Weiterhin treibt Esther die Not der Menschen in Nordkorea um, denen sie von ihrer neuen Heimat aus zu helfen versucht. (AS)

Esther Chang

1967 in China geboren, Geschäftsfrau, Missionarin und Flüchtlingshelferin

Bleib niemals stehen.
Mach weiter.
Wenn du *die Freiheit schmecken* willst, geh voran.

Harriet Tubman

Harriet Tubman

Moses ist eine Frau

In Europa ist Harriet Tubman beinahe unbekannt, in ihrer Heimat USA dagegen ist sie eine Legende und fast jedem Kind vertraut. Und das nicht erst, seit ihr Porträt mehr als hundert Jahre nach ihrem Tod als das erste einer schwarzen Frau auf einem US-amerikanischen 20-Dollar-Schein abgedruckt ist.

Über eine halbe Million Afrikaner wurden in den fast 400 Jahren der atlantischen Sklaverei aus ihren Dörfern geraubt, auf Sklavenschiffen in die USA verschleppt und – wenn sie denn die grausame Überfahrt überlebt hatten – als Sklaven an weiße „Herren“ verkauft.

„Sklaverei ist die Hölle“ – so bringt Harriet Tubman, deren Großmutter eine dieser verschleppten und versklavten Afrikanerinnen ist, das unvorstellbare Leiden auf den Punkt. Sklaverei ist Entmenschlichung. Menschen werden zum Eigentum erklärt und wie Vieh behandelt – auch von vielen Christen aus der weißen Bevölkerung. Gibt ihnen nicht sogar die Bibel recht, wenn der Apostel Paulus schreibt: „Ihr Sklaven, gehorcht in allem euren Herren“?

Mit nur fünf Jahren wird die kleine Harriet als „arbeitsfähig" eingestuft und muss fortan harten Sklavendienst verrichten. In den Sümpfen Marylands überprüft sie hüfthoch im Wasser stehend Bisamfallen. Mit ihren Brüdern verrichtet sie in den Wäldern schwere Holzarbeit. Sie erlebt Rechtlosigkeit, Willkür und Brutalität, ringt immer wieder mit dem Tod. Nach einer schweren Kopfverletzung, die ihr ein Aufseher zufügt, hat sie zeitlebens Halluzinationen und intensive Träume.

In dieser Zeit entwickelt sich Harriet zu einem tiefgläubigen Menschen. Sie glaubt nicht an einen Gott, der die Sklaverei gutheißt, sondern an einen, der in die Freiheit führt – wie er es mit seinem Volk Israel getan hat.

Ihre qualvollen Erfahrungen lassen in Harriet den unbändigen Wunsch reifen, der Sklaverei zu entkommen. Als ihr Besitzer sie verkaufen will, macht sie sich als 27-Jährige ganz allein auf die Flucht. „Die Angst ist dein größter Feind. Vertrau auf Gott", ermutigt sie der eingeweihte Pastor im Vorfeld und nennt ihr die Fluchtroute, die Safe-Houses und Personen, denen sie vertrauen kann.

Harriet schafft die 150 Kilometer durch die Wildnis, Flüsse, Sümpfe von Maryland und erreicht den Bundesstaat Pennsylvania. Dort ist die Sklaverei abgeschafft. Sie ist nun eine freie Frau. Doch ihre Freiheit genügt ihr nicht. Sie will auch andere Sklaven in die Freiheit führen. So wird sie Mitglied in der „Underground Railroad" – einem Netzwerk von Fluchthelfern, zu dem freie Schwarze und weiße Sklavengegner gehören. Was sonst kein entflohener Sklave wagt, riskiert Harriet mit Mut und Kraft: Dreizehn Mal kehrt sie nach Maryland zurück und setzt sich der Gefahr aus, gefangen genommen zu werden. So führt sie siebzig Versklavte in die

Freiheit und organisiert die Flucht vieler weiterer. Aus Harriet wird Moses – so ihr Deckname.

Als 1861 der Amerikanische Bürgerkrieg beginnt, weiß Harriet, dass nur ein Sieg der Nordstaaten zur Abschaffung der Sklaverei führen wird. Sie wird Soldatin, arbeitet als Spionin und als Krankenschwester. Später engagiert sie sich als Frauenrechtlerin und kämpft für das Wahlrecht der Frauen. Hält flammende Vorträge – sie, die nicht lesen und nicht schreiben kann. „Ich gehe und bereite einen Ort für euch vor", sagt sie am Ende ihres langen Lebens. (CF)

Harriet Tubman

ca. 1822–1913, Fluchthelferin, Soldatin, Krankenschwester, Frauenrechtlerin

Ich richte meinen Blick
empor zu den Bergen –
woher wird Hilfe für mich kommen?
Meine Hilfe kommt vom Herrn,
der Himmel und Erde geschaffen hat.

Psalm 121,1–2

Helen Berhane

Gefangen im Container

„Jetzt kann ich ohne Angst leben. Wenn ich aus dem Haus gehe, weiß ich: Nachher komme ich wieder nach Hause, ohne dass mir etwas passiert. Als ich im Gefängnis war, wurde jeder meiner Schritte überwacht. Ich musste zu bestimmten Zeiten essen, schlafen, sogar auf die Toilette gehen. Aber jetzt bin ich frei. Ich kann tun und lassen, was ich will. Es ist mein Wunsch und Gebet, dass alle Menschen, die noch immer unschuldig im Gefängnis sitzen und leiden, eines Tages dieselbe Freiheit genießen wie ich." Seit 2007 leben Helen Berhane und ihre Tochter Eva als wegen ihres Glaubens Verfolgte in Dänemark. Hinter ihnen liegen Jahre der Trennung und ein langer Leidensweg, der Helen beinahe das Leben gekostet hätte.

Fast drei Jahre verbrachte Helen in ihrem Heimatland Eritrea (Afrika) im Gefängnis. Unter unmenschlichen Bedingungen: Die Gefängniszellen sind ausrangierte Metallschiffscontainer. Darin muss Helen mit bis zu 20 anderen Frauen zusammengepfercht wie Vieh unter Schmerzen, Hunger, mit Läusen und Flöhen und immer in Angst vor der grausamen Willkür ihrer Peiniger leben. Nachts sind sie der Kälte ausgeliefert, tagsüber der Hitze. Die einzige Lichtquelle ist ein kleines Loch, nicht größer als ein Taschenbuch.

Was hat Helen verbrochen? Ihr „Verbrechen" ist ihr Glaube, den sie mit andern teilen und für den sie andere gewinnen will: Sie ist Christin und bezeugt ihren Glauben als bekannte Sängerin und Laienpredigerin. Sie liest mit jungen Menschen die Bibel. Auch den Kundinnen ihres Kosmetiksalons erzählt sie freimütig von Jesus Christus.

Aber all das ist in Eritrea jetzt verboten. Helens Heimatland zählt weltweit zu den zehn Ländern mit den schlimmsten Verstößen gegen die Menschenrechte. Auch gehört sie einer christlichen Gemeinde an, die nicht unter die staatlich anerkannten Religionsgemeinschaften fällt. Anerkannt sind nur orthodoxe, katholische und lutherische Kirche sowie der Islam. Die anderen christlichen Gemeinschaften haben Versammlungsverbot. Schon bald ist der Besitz einer Bibel oder eine Familienandacht ein Verbrechen. Helen wird bei einer Jugendstunde verhaftet.

Während ihrer Gefangenschaft versuchen die Wächter und der Gefängnisdirektor, ihr mit allen Mitteln den Glauben auszuprügeln. Nach Folterungen legen sie ihr eine Erklärung vor: „Du bist ein freier Mensch, wenn du dich verpflichtest, deinen Glauben aufzugeben, nicht mehr zu predigen, zu singen und das Evangelium zu verbreiten." Helen unterschreibt nicht. Sie kann ihren Gott nicht verleugnen.

Stattdessen macht sie ihren Mitgefangenen Mut. Sie singen gemeinsam, beten, lesen heimlich ins Gefängnis eingeschmuggelte Bibelteile. Sogar Wächter fragen sie in unbeobachteten Momenten nach Jesus. Andere Wachleute denken sich immer wieder neue Strafen aus, um Helens Willen zu brechen.

Eines Tages wird sie vom Gefängnisdirektor so misshandelt, dass sie in akute Lebensgefahr gerät. Unter der Folter sagt Helen zu ihrem Peiniger: „Suleiman, Sie können mit mir machen, was Sie wollen, aber ich bleibe meinem Gott treu, auch wenn Sie mich umbringen.“ Menschenrechtsgruppen setzen sich weltweit für ihre Freilassung ein. Ob sie auch durch diesen politischen Druck zur Behandlung ins Krankenhaus entlassen wird? Sie wird gerettet. (CF)

HELEN BERHANE,

geb. 1974 in Asmara/Eritrea, Gospelsängerin.
Sie erhielt mit ihrer Tochter Asyl in Dänemark.

Was wirklich zählt,
ist nicht,
wer du bist
oder was du hast.
*Es zählt nur,
was du bist.*

Margaret Brown

Margaret Brown

Die Unsinkbare

Das Broadway-Musical macht sie nicht nur über Nacht berühmt, sondern auch von „Margaret" zu „Molly". Vermutlich weil der Titel *The Unsinkable Molly Brown* (Die unsinkbare Molly Brown) klang- und sangvoller über die Lippen geht. Der Hollywood-Film, der zwei Jahre später in den Kinos läuft, verwandelt ihre Heldengeschichte vollends zum Allgemeinwissen: Margaret „Molly" Brown überlebt nicht nur den Untergang der scheinbar unsinkbaren Titanic im Jahr 1912; sie wird mit ihrem Mut – und ihrer bereits bestehenden Bekanntheit bei der Presse – zur Heldin des Schiffsunglücks stilisiert.

Eifrig hilft sie etlichen Passagieren in die Rettungsboote, bevor sie selbst in eines der letzten geworfen wird, die zu Wasser gelassen werden. Während der eisigen Nacht auf dem Polarmeer erweist sie sich – hemdsärmelig rudernd und zum Singen motivierend – als willensstarke und kämpferische Lady und versorgt viele völlig entkräftete Überlebende. Sogar der Film „Titanic" aus dem Jahr 1997 setzt der beherzten Margaret ein Denkmal.

Margaret „Maggie" Tobin, Tochter irischer Einwanderer in

Hannibal, Missouri, wird 1867 in ärmlichen Verhältnissen geboren. Mit 18 Jahren folgt sie ihrer Schwester nach Leadville, Colorado, einer verheißungsvollen Goldgräberstadt. Nach nur kurzer Zeit lernt sie dort James Joseph (J. J.) Brown kennen, einen mittellosen, doch ehrgeizigen Minenarbeiter, der rührend um sie wirbt.

Maggie ist hin- und hergerissen, war sie doch fest entschlossen, reich zu heiraten, um ihrem Vater einen angenehmen Lebensabend bescheren zu können. Sollte sie J. J. nun aus Liebe zum Mann nehmen?

Die junge Frau entscheidet sich für die Liebe – und auch ihr Vater geht nicht leer aus. Nach kurzer Zeit erweist sich eine Erfindung von J. J. zur Minenarbeit als bahnbrechend. Er steigt auf, und als sich durch seine Technologie eine Mine erschließen lässt, die sich als „größtes Goldvorkommen der Welt" entpuppt, werden die Browns über Nacht steinreich.

Die inzwischen vierköpfige Familie – mit den Kindern Larry und Helen – zieht schließlich nach Denver, Colorado. Dort betritt die neureiche Margaret gehobene soziale Zirkel und erkennt bald, dass sie an ihrer Bildung nachrüsten muss. Ausgestattet mit einer starken sozialen Ader – bereits in Leadville hatte sie in einer Suppenküche ausgeholfen –, nimmt Margaret zudem die drei halb verwaisten Kinder ihres Bruders auf, engagiert sich für Menschenrechte, gibt großzügig an Bedürftige und gründet einen Fonds zum Bau neuer Schulen, Krankenhäuser und Kirchen.

Als Mitglied des *Denver Women's Club* wird Margaret zu einer überzeugten Verfechterin des Frauenwahlrechts – das in Colorado als zweitem US-Bundesstaat eingeführt wird. Später soll Margaret sogar noch für den Kongress kandidieren.

Sind die Browns lange Zeit das von der Presse geliebte Ehepaar, das in rauschender Garderobe in den Theaterlogen saß und auf Weltreise ging, wird die Liebe der beiden zunehmend brüchig. 1909 trennen sie sich einvernehmlich.

Nach einem Besuch bei ihrer in Frankreich studierenden Tochter Helen und einer gemeinsamen Reise ruft ein dringendes Telegramm Margaret zurück in die Vereinigten Staaten. So landet sie schließlich auf der sagenumwobenen Titanic, die „Molly" bis heute unvergessen machen sollte. (AS)

MARGARET BROWN,

1867–1932, US-amerikanische Frauenrechtskämpferin und Überlebende des Titanic-Unglücks.

EINE KLASSE FÜR SICH

Der Himmel auf Erden
ist überall,
wo Menschen *von Liebe*
zu Gott, zu ihren Mitmenschen
und zu sich selbst erfüllt sind.

Hildegard von Bingen

Hildegard von Bingen

Die deutsche Prophetin

Was ist Hildegard nur für ein merkwürdiges Kind! Von zarter, kränklicher Natur. Dem Tod oft näher als dem Leben. Das ist nicht ungewöhnlich in einer Zeit, in der ein Drittel aller Kinder das erste Lebensjahr nicht überlebt. Aber da ist noch etwas anderes. Sie scheint oft nicht von dieser Welt. Vom Himmel angerührt. Schon mit drei Jahren hat sie Erscheinungen, Visionen, himmlische Aussichten. Heute würde der Kinderarzt vielleicht sagen: „Das Kind hat Migräne-Anfälle." Aber das reicht nicht aus, um Hildegards besondere Sicht des Lebens und ihre Einblicke in göttliche Welten zu erklären. Später, viel später wird sie aller Welt ihr Geheimnis preisgeben, wie sie von klein auf beflügelt wurde von Botschaften Gottes.

Aber noch ist Hildegards Welt klein und ummauert. Als zehntes Kind wird sie von den Eltern dem „Herrn geweiht": Sie verbringt ihre Kindheit, ja zweiundvierzig Jahre in einer „Frauenklause". Eingemauert halten die Schwestern nur durch zwei Fenster den Kontakt zur Außenwelt. Durch ein Fenster hören sie die Messe der Mönche, die in ihrem Kloster nebenan wohnen. Die Frauen leben nach den Regeln von Benedikt. „Ora et labora“, sie beten und arbeiten. Haben einen festgelegten inneren und äußeren Rhythmus. Üben die Demut – tagaus, tagein.

Hildegard studiert mit Eifer alles, was sie an Büchern und Wissen erreichen kann. Ihre Klugheit und Weitsicht bleibt den anderen nicht verborgen. Mit achtunddreißig Jahren wird sie die Oberin des mittlerweile ansehnlichen Frauenklosters auf dem Disibodenberg/Nahe.

Doch die entscheidende Lebenswende ereignet sich, als sie endlich ihre Visionen niederschreibt. Wie hat sie mit sich und Gott gerungen! Ganz krank ist sie darüber geworden. Viele Jahre braucht sie für die Niederschrift und darf schließlich tatsächlich das „prophetische Lehramt“ mit päpstlichem Segen ausüben.

Hildegard übernimmt die Leitung eines Frauenklosters bei Bingen am Rhein. Gern lässt man sie nicht ziehen, immerhin lockt die berühmte Prophetin zahlungskräftige Pilger aus dem ganzen Land an. Sie ist nun schon über fünfzig, die meisten Frauen ihrer Zeit erleben dieses Alter nicht. Sie aber entwickelt eine ungeheure Schaffenskraft. Sie schreibt weitere Bücher – z. B. über die Heilkunde –, organisiert den Aufbau des Klosters, betreut die Vervielfältigung ihrer Werke durch Handschriften.

Hildegard von Bingen ist nun eine Berühmtheit in ganz Europa. Man nennt sie ehrfürchtig „Prophetissa teutonica“, die deutsche Prophetin. Selbst der Kaiser erbittet ihren Rat. Trotzdem muss sie vieles hart erkämpfen. So manches Mal steht sie zornig vor den großen Männern und verlangt ihr Recht. Aber wer den Himmel gesehen hat, hat vor den Herren der Welt wohl fast keine Angst mehr.

So lässt sie sich auch nicht davon abhalten, mit über sechzig Jahren auf ihrem Pferd durchs Land zu reiten und in Klöstern, großen Kirchen und auf Marktplätzen über die Umkehr zu Gott zu predigen. Wen wundert's, dass ihr Pioniergeist, ihre vielfältigen Kenntnisse, ihr weltzugewandter, weiser Glaube Strahlkraft bis in unsere Zeit haben! (CF)

Hildegard von Bingen,

1098–1179, Äbtissin, Universalgelehrte,
Ratgeberin, Mystikerin, Komponistin

IHR SOLLT SEIN
wie ein Fenster,
durch das Gottes Güte
IN DIE WELT
hineinleuchten KANN.

EDITH STEIN

Edith Stein

„Meine Sehnsucht nach der Wahrheit war ein einziges Gebet“

Ediths Mutter ist eine starke Frau. Edith hat an ihr gesehen, wie man sich durchkämpft und es schaffen kann. Ihr Vater war früh gestorben und hatte die Mutter mit ihren sieben Kindern und einem maroden Holzhandel zurückgelassen. „Wir lernten am Vorbild von der Mutter“, wird Edith später sagen.

Wie hatte es ihre Mutter bloß geschafft? Unter ihren Händen entstand ein blühendes Holzgeschäft, das ihr und ihrer großen Familie ein Leben im Wohlstand brachte. Allen ihren Kindern ermöglichte sie eine gute Ausbildung. Edith, ihre Jüngste, fällt schon früh durch ihre Klugheit auf. Sie „erzwingt“ eine frühzeitige Einschulung und erstaunt alle durch ihre schnelle Auffassungsgabe.

Die Mutter und die große Verwandtschaft sind jüdisch-orthodox, aber schon als Jugendliche verliert Edith ihren Glauben. Ihr Verstand untersagt ihr zu glauben. Schon als Fünfzehnjährige nennt sie sich eine Atheistin. Nach den strengen Regeln ihres Verstandes macht sie sich auf die Suche nach der Wahrheit. Sie studiert an verschiedenen Universitäten Philosophie, Geschichte, Germanistik und Psychologie. Die Familie rät ihr, etwas Einträglicheres zu studieren – Jura oder Medizin. Aber Edith ist wie ihre Mutter eine starke Frau. Frei im Denken und in ihren Entscheidungen.

Das Studium der Philosophie verheißt ihr Antworten bei ihrer Suche nach der Wahrheit. Sie promoviert mit Auszeichnung und will mehr: als Professorin an der Universität junge Studenten auf der Suche nach der Wahrheit anleiten. Sie bringt alle nötigen Voraussetzungen mit. Eine ausgezeichnete Doktorarbeit, drei Jahre später eine Habilitationsschrift. Aber sie wird abgelehnt – sie ist doch nur eine Frau. Edith gibt nicht auf. Viermal unternimmt sie einen Versuch – vergebens.

Ediths Leben erfährt eine radikale Neuorientierung, die mit einem Besuch bei der Witwe eines jung verstorbenen Freundes beginnt. Sie erwartet eine haltlos im Schmerz verlorene junge Frau und findet selbst Trost bei ihr. Sie hört von ihr von einer Hoffnung über die Grenze des Todes hinaus. Die Atheistin Edith Stein ist erschüttert. Dann ereignet sich kurze Zeit später in ihrem Leben ein Wunder. Während sie bei Freunden übernachtet, greift sie wie zufällig aus einer großen Bibliothek die Autobiografie der Teresa von Ávila. Sie liest die ganze Nacht und sagt später: „Als ich am Morgen das Haus verließ, war ich keine Atheistin mehr." Edith erfährt: „Wenn du nach der Wahrheit suchst, wirst du erfahren, wer Gott ist."

Die Mutter ist zutiefst erschüttert, als Edith 1921 zum christlichen Glauben übertritt und sich katholisch taufen lässt. Doch es ist ihr Weg. Sie hat die Wahrheit gefunden. Ihr letzter radikaler Schritt nach einer Tätigkeit als Lehrerin und

Dozentin ist der Eintritt in das Karmelitinnenkloster in Köln 1933. Aber es schützt sie nicht vor den Fängen der Nazis. Sie versucht zu fliehen, wird aber in den Niederlanden verhaftet. Dann wird sie nach Auschwitz transportiert und am selben Tag ermordet. (CF)

Dr. Edith Stein,

geboren 1891 in Breslau, gestorben 1942 im KZ Auschwitz, Philosophin, katholische Ordensschwester

Es ist zweierlei,
Verstand empfangen haben,
und den Verstand,
den man empfangen hat, auch
anzuwenden gelernt haben.

Dorothea Christiane Erxleben

Dorothea Christiane Erxleben

Keine Angst vor schlauen Frauen

Da nun weder die Gesetze noch die kaiserlichen Privilegien einen Unterschied des Geschlechts machten, so würde es auf keine Weise zu entschuldigende Unbilligkeit der Männer sein, das weibliche Geschlecht vom Studieren auszuschließen. Gelehrte und tugendhafte Frauen sind eine Zierde des menschlichen und eine wahres Vergnügen des männlichen Geschlechts, worauf kein Missvergnügen und keine Reue folgen. Insbesondere würden gelehrte Männer von solchen Frauen in ihrem Hauswesen keinen Nachteil haben, sondern in der Erziehung der Söhne und in der Führung der Töchter einen wahren Vorteil haben.

Männer, habt doch keine Sorge: Selbst wenn eure Frauen Bücher lesen und studieren, steht Essen auf dem Tisch, werden eure schmutzigen Kleider gewaschen und geraten eure Kinder wohl. – So versucht Dorothea 1738 in ihrer Kampfschrift „Gründliche Untersuchung der Ursachen, die das weibliche Geschlecht vom Studieren abhalten" die Männerwelt zu beruhigen. – Begreift doch: Männer und Frauen sind beide Gottes Ebenbilder, so auch vor den Menschen gleich. Wie könnt ihr dann die Hälfte der Menschheit von der Bildung ausschließen? Was für eine Vergeudung göttlichen Reichtums!, argumentiert die engagierte junge Frau.

Dorothea hat Glück. An ihrer Seite sind starke Männer, die keine Angst vor starken Frauen haben. Ihr Vater arbeitet als Arzt in Quedlinburg. Er erkennt die außergewöhnliche Begabung seiner Tochter und wird ihr größter Förderer.

Mädchen haben keinen Zutritt zum Gymnasium, aber der Rektor höchstpersönlich erteilt Dorothea Privatunterricht in Latein, Französisch und Naturwissenschaften. Er erzählt ihr auch von der nur vier Jahre älteren italienischen Gelehrten Laura Bassi, die 1732 als erste Frau Europas promovierte und ein Jahr später zur Professorin berufen wurde. Nichts scheint unmöglich!

Nun hat Dorothea ein Ziel: Sie will an der Universität das Examen als Ärztin ablegen. Die Medizin hat es dem Mädchen angetan. Schon als Jugendliche begleitet sie ihren Vater bei Krankenbesuchen, diskutiert mit ihm Diagnosen und Behandlungsmethoden, versorgt Kranke.

Als König Friedrich der Große 1740 an die Macht kommt, nutzt Dorothea mutig die Gunst der Stunde und bittet ihn, gemeinsam mit ihrem Bruder Christian das medizinische Examen ablegen zu dürfen. Ihr Mut zahlt sich für Dorothea aus: 1741 erhält sie vom König höchstpersönlich die Zulassung zur Promotion.

Doch dazu kommt es erst einmal nicht. Als ihre geliebte Cousine Sophie stirbt, heiratet Dorothea deren verwitweten Mann Johannes Erxleben, Pfarrer von Quedlinburg. Auf diese Weise wird sie Mutter von fünf Halbwaisen und bekommt danach selbst fünf Kinder. Auch in diesen Jahren praktiziert sie weiter als Ärztin.

Erst 1754 nutzt sie die königliche Sondergenehmigung und legt ihre Promotion an der Universität Halle ab. Eine Glanzleistung, die Dorothea in fließendem Latein ablegt. Nun ist sie die erste deutsche Frau mit einem Universitätsabschluss. 150 Jahre wird es dauern, bis 1901 eine weitere Frau in Deutschland promovieren wird. (CF)

DOROTHEA CHRISTIANE ERXLEBEN,
1715–1762, erste promovierte Ärztin,
Pionierin des Frauenstudiums

Es ist ein Geschenk, wenn man zwei oder drei Kulturen in sich tragen darf.

Linda Zervakis

Linda Zervakis

Reichweite nutzen

Als „Sechser im Lotto" bezeichnet Linda Zervakis ihren Karrieresprung 2013, als sie den begehrten Posten als Sprecherin der Tagesschau um 20 Uhr erhält. Auf einmal ist ihr Gesicht einem Millionenpublikum bekannt. Sie gilt als „erste Tagesschau-Sprecherin mit Migrationshintergrund". Das Anhängsel irritiert sie von Anfang an. Bis zu diesem Zeitpunkt ist ihre Herkunft nie relevant gewesen. Nicht in der Werbeagentur, wo sie angefangen hat, nicht im Radio und auch nicht in vorangegangenen Fernsehjobs. Sie vergewissert sich bei ihren Chefs, dass sie nicht deswegen eingestellt wurde, und stört sich ansonsten wenig daran.

Letztlich ist die Journalistin mit griechischen Wurzeln stolz auf ihre Herkunft und ihre heldenhaften Eltern, die in den 1960er-Jahren ohne Berufsausbildung nach Deutschland kamen. Ein hartes Leben beginnt. Jahrelang betreiben die Zervakis' einen Kiosk, in dem sie täglich 15 Stunden arbeiten und auch die Kinder an den Wochenenden mithelfen. Im Laden mitten im sozialen Brennpunkt Hamburg-Harburgs fühlt sich die kleine Linda wie im „Backstagebereich der deutschen Gesellschaft". Sie beobachtet und lernt schnell.

Als sie 14 Jahre alt ist, stirbt ihr geliebter Vater an Krebs. Schlagartig wird das Mädchen erwachsen, übernimmt Verantwortung und arbeitet nun auch nach der Schule im Kiosk. In der Familie wird wenig über den Verlust gesprochen. Spürbaren Trost erfährt das Teenagermädchen im griechisch-orthodoxen Glauben, der ihr in dieser Zeit zur tragenden Säule wird.

Trotz der enormen Doppelbelastung schafft Zervakis das Abitur, verzichtet aber auf ein Jahr im Ausland und den Studienplatz in Berlin – ihr jüngerer Bruder und ihre Mutter brauchen sie, auch im Laden. Bis sie 28 Jahre alt ist und die Mutter den Kiosk verkauft, hilft Linda jedes Wochenende dort aus. Erst danach kann sie sich voll auf ihr Leben und ihre Karriere konzentrieren.

Als sie Tagesschau-Sprecherin wird, ist sie bereits verheiratet und Mutter. Nun ist Linda Zervakis das Gesicht des Senders, steht für dessen Image und Seriosität. Acht Jahre später kündigt sie unerwartet. Sie möchte sich beruflich verändern.

Die Hanseatin ist sich der Reichweite, die ihre Prominenz mit sich bringt, bewusst. Gern nutzt sie diese, um für tatkräftiges Engagement zu werben. Jahrelang ist sie Schirmherrin des Schüler-Tanzprojekts „Step by Step" der Bürgerstiftung Hamburg, die sie später als Botschafterin vertritt. Auch unterstützt sie während der Finanzkrise soziale Kliniken in Griechenland – durch Gelder, die sie bei Quiz-Shows wie bei Günther Jauch erhält, sowie durch den Erlös ihrer Lesungen.

Denn die vielseitige Linda Zervakis hat nebenbei auch mit ihren humorvollen autobiografischen Büchern Erfolg: Beide landen auf der Spiegel-Bestsellerliste. Dazu startet sie 2020 den Podcast „Gute Deutsche", in dem sie zusammen mit Prominenten mit Migrationshintergrund darüber spricht, was es bedeutet, nirgends so richtig dazuzugehören. Oder auch reduziert zu werden auf dieses Anhängsel, das sie damals selbst so irritierte und das letztlich die Idee zum Podcast gab. Auch hier sorgen Zervakis' Bekanntheit und Reichweite dafür, dass sich ein großes Hörerpublikum durch die kurzweiligen und zugleich nachdenklichen Interviews kritisch mit Fragen von Rassismus und Integration auseinandersetzen kann. (AS)

Linda Zervakis,

1975 in Hamburg geboren, Journalistin, Buchautorin, Podcasterin und ehemalige „Tagesschau"-Sprecherin

Keinem vernünftigen
Menschen wird es einfallen,
Tintenflecken mit Tinte,
Ölflecken mit Öl wegwaschen zu wollen.
Nur Blut soll immer wieder mit Blut
abgewaschen werden.

Bertha von Suttner

Bertha von Suttner

„Die Waffen nieder! Sag's vielen – vielen!"

Mit diesen Worten soll Bertha von Suttner 1914 verstorben sein. Ihr Vater, Graf Kinsky, ist fünfzig Jahre älter als seine Ehefrau Sophie und stirbt, bevor die kleine Bertha das Licht der Welt erblickt. Mutter Sophies Lebensunterhalt ist eigentlich großzügig abgesichert, würde sie sich nicht in den Spielsalons Wiens vergnügen.

Ihr großes Projekt ist Bertha, das schöne, begabte Kind, dem es eines Tages gelingen soll, in eines der großen österreichischen Adelsgeschlechter einzuheiraten. Privatlehrer unterrichten sie in mehreren Sprachen, sie träumt von einer Karriere als Opernsängerin und von dem „einen, Einzigen, dem auch mein Herz zufliegen würde". Doch der lässt lange auf sich warten.

Bertha ist inzwischen dreißig Jahre alt und das Geld der Mutter ausgegeben. Befreit von der entwürdigenden Suche nach der „guten Partie" nimmt sie nun ihr Leben selbst in die Hand. Sie wird Gouvernante (zu ihrer Zeit fast die einzige Möglichkeit für eine Frau, einen standesgemäßen Beruf auszuüben) bei Familie von Suttner. Dort fungiert sie als Hauslehrerin und gesellschaftliche Begleiterin der vier jugendlichen Töchter. Man amüsiert sich gut bei Picknicks, Opernbesuchen und Konversation in den verschiedenen Sprachen, die Bertha beherrscht.

Ganz nebenbei und äußerst diskret passiert es: Bertha und Alfred, der 23-jährige Sohn des Hauses, verlieben sich ineinander. Irgendwann fliegt das Versteckspiel auf. Bertha muss gehen, landet aber in guter Stellung als Privatsekretärin bei Alfred Nobel in Paris, dem steinreichen Erfinder des Dynamits.

Ein Telegramm des unsterblich verliebten Alfred von Suttner holt Bertha nach Österreich zurück. Die heimliche Hochzeit, Enterbung und ein achtjähriger Aufenthalt im Kaukasus folgen. Das Paar schlägt sich durch als Privatlehrer, mit Übersetzungen und journalistischer und belletristischer Arbeit.

Währenddessen bleiben Alfred Nobel und Bertha von Suttner in regem Briefwechsel – ein Leben lang. Alfred, der Erfinder von Massenvernichtungswaffen, und Bertha, die überzeugte Pazifistin, diskutieren leidenschaftlich über Krieg und Frieden, Abrüstung und Friedenssicherung. Von Bertha selbst nimmt Alfred Nobel die Idee auf, einen Preis für den Frieden auszuloben – den Friedensnobelpreis, den Bertha 1905 als erste Frau erhält.

1885 kehren Bertha und Alfred in die Heimat Österreich zurück. Ihr Roman „Die Waffen nieder!" erscheint. Eine Erzählung vom Gräuel und sinnlosen Leiden durch Krieg, ein leidenschaftliches Plädoyer für Abrüstung und Frieden. Auf einen Schlag ist Bertha eine Berühmtheit. Ihr Roman wird zum Welterfolg. Pazifisten aus anderen Ländern drängen sie, sich auch politisch zu engagieren – in einer Zeit, in der Frauen weder Mitglied in einer Partei werden noch wählen dürfen.

Berthas Leidenschaft ist entfacht. Sie wird Präsidentin der österreichischen Friedensgesellschaft und gefragte Rednerin auf internationalen Friedenskongressen. Zu Hause nennen ihre Kritiker sie spöttisch die „Friedens-Bertha".

Doch die Welt rüstet auf. Bertha ahnt, auf welche Katastrophe die Menschen zusteuern. Noch vor Ausbruch des Ersten Weltkriegs stirbt sie 1914. Doch ihre Visionen von einem Völkerbund und einem internationalen Schiedsgericht zur nichtkriegerischen Konfliktlösung werden viele Jahrzehnte später Realität. Die Saat ist aufgegangen. (CF)

Bertha von Suttner,

1843–1914, Pazifistin, Friedensforscherin, Schriftstellerin, erste Friedensnobelpreisträgerin

Was ist das Leben?
Dass ich eins bin mit mir,
einverstanden.

Adele Neuhauser

Adele Neuhauser

„Ich bin gnädiger mit mir geworden“

Wo liegt Münster überhaupt? Da muss die junge Adele erst einmal im Atlas nachschlagen. Mit ihrem Schauspieldiplom in der Tasche ist sie in Wien als Dialogpartnerin zum Vorsprechen eines Kollegen mitgekommen; er hat sich für das Theater Münster beworben. Nun wird sie genommen, der Freund ist abgelehnt.

So macht sich die beglückte Wienerin auf zum Theater Münster, wo sie das erste feste Engagement ihrer Schauspielkarriere antritt. Durch das Rollenspiel kann die temperamentvolle und intensive Frau Distanz zu sich gewinnen und ihre komplizierten Gefühle ins Positive verwandeln.

Bis zu ihrem 21. Lebensjahr war Adele Neuhauser schwerstdepressiv und hatte bereits sechs Mal versucht, sich das Leben zu nehmen. Mit zwölf schnitt sie sich zum ersten Mal die Pulsadern auf. Sie fühlte sich schuldig und einsam, seit ihre Familie vor wenigen Jahren endgültig auseinandergebrochen war. Schon vorher hatten sich die Eltern einmal getrennt, hatten aber wieder zusammengefunden, nun mit einem Halbbruder mehr in der Familie. Damals waren sie für einen Neuanfang nach Griechenland gezogen – in die Heimat des

Vaters, der dort als Architekt arbeitete. Hier kommt Adele zur Welt und genießt vier unbeschwerte Kindheitsjahre auf der Insel Amorgos, bevor Familie Neuhauser ins kalte, dunkle Wien zurückzieht.

Wenige Jahre später verlässt die Mutter die Familie endgültig und nimmt nur den Halbbruder mit. Adele fühlt sich verantwortlich für den Zerbruch. Um sie wird es immer finsterer, ihre Gedanken kreisen darum, sich das Leben zu nehmen. Bei ihrem ersten Versuch kommt zufällig eine Freundin vorbei und schlägt Alarm. Doch die Todessehnsucht bleibt – bis sie im Theater ein Ventil für ihren Schmerz und ihre Emotionen findet. Adele liebt die Bühne, spielt exzentrisch und voller Hingabe. Nach wenigen Jahren gelingt ihr der Durchbruch.

Mit 22 Jahren heiratet sie ihren Schauspielfreund und Partner Zoltan Paul, eine gleich gesinnte, intensive, aber auch nicht einfache Beziehung. 1987 kommt Julian, ihr gemeinsamer Sohn, zur Welt und sie erleben Familienglück. Dann wird Neuhauser durch eine österreichische TV-Serie einem breiten Publikum bekannt, als Wiener Tatort-Kommissarin Bibi Fellner später im gesamten deutschsprachigen Raum. Der Erfolg bricht für die Österreicherin nicht ab.

Privat sieht es anders aus: Nach 25 Jahren zerbricht ihre Ehe. Und als innerhalb kurzer Zeit ihre Mutter, ihr Bruder und ihr Vater sterben, stürzt Adele wieder in tiefen Kummer und Einsamkeit, trauert offen und hemmungslos. Schließlich kann sie den Schmerz verarbeiten. Die intensive Beziehung zu ihrem Sohn und dann auch zu ihrem Enkelkind trösten sie.

Auch lässt sich Neuhauser immer wieder von Gott überraschen. Griechisch-orthodox getauft, in Österreich katholisch geworden, als Teenager aus der Kirche ausgetreten, stellt sie sich als Erwachsene ihren Zweifeln. Sie erlebt es als heilsam, etwas Höherem zu vertrauen. Auch kann sie Frieden mit sich schließen, gnädiger mit sich sein und auf das schauen, was ihr gelingt.

Gleichzeitig spricht die bekannte Schauspielerin offen über ihre Tiefschläge und macht Menschen Hoffnung. Darüber hinaus engagiert sie sich als Kuratoriumsmitglied für das Kinderhilfswerk *Plan International Deutschland.* (AS)

Adele Neuhauser,

geb. 1959 in Athen, österreichische Schauspielerin
und Autorin

NEUANFANG

Der liebe Gott
ist mir tatsächlich
*mit ausgestreckten Armen
entgegengekommen.*

Nina Hagen

Nina Hagen

Zu Hause

Ausgeflippt, schrill, verrückt, nervig, krass, Skandalnudel, eine Diva halt – das fällt Leuten zu Nina Hagen ein. Sängerin, Schauspielerin, einzige deutsche Rocksängerin mit Weltruf. Die Frau zwischen Punk und Provokation. Manche Talkshow hat sie vor laufender Kamera mit exzentrischen Auftritten gesprengt.

Und dann 2009 diese Schlagzeile: „Nina Hagen hat sich in einer evangelischen Kirche taufen lassen." Große Skepsis. Ist das echt? Oder ist ihre Taufgeschichte auch nur eine ihrer werbewirksamen Selbstinszenierungen? Nach Erfahrungen im Hinduismus und Bekenntnissen zu Ufos jetzt Nina Hagens „Jesus-Christus-Tick" auf der Achterbahn des Lebens? Ihre Biografie „Bekenntnisse" erscheint 2010 und offenbart ihre lange, kurvenreiche Glaubensgeschichte. Denn etwas ist jetzt anders. Es ist das tiefe Gefühl, zu Hause angekommen zu sein. Zu glauben: „Ich werde von Gott nicht verlassen."

Verlassenwerden – das ist Ninas großes Lebensthema. Wenn sie als kleines Mädchen abends oft stundenlang alleine war und sich die Lunge aus der Seele schrie: „Damals war es, dass die Verlassenheit zu mir kam. Langsam, kriechend, sich wie heimliches Gift ausbreitend."

Als Kind bekommt sie mit, dass sich ihre Mutter das Leben nehmen will. Als Erwachsene erlebt sie den Verlust und das Scheitern vieler Beziehungen. Sie schreibt: „‚Von allen Seiten umgibst du mich und hältst deine Hand über mir.' Ja, Gott hat mich gesehen. Damals in Ostberlin, als ich zu Füßen meines Vaters saß. Er hat sich mir gezeigt, als ich ihn blasphemisch lästerte. Seine Liebe wartete im Halbdunkel polnischer Kirchen. Er zeigte mir das Gesicht seines Sohnes, als ich LSD genommen hatte und mich entscheiden konnte zwischen Leben mit Gott oder Seelentod ohne Gott. Er rettete mein Leben, nachdem ich einen Tag und eine Nacht zu ihm geschrien hatte in der Drogenhölle von Amsterdam. Er führte meinen Leib und meine Seele unverletzt durch das Lügenreich der indischen Götzenanbeter. Ja, Gott hat niemals sein Auge von mir abgewandt. Ich kann gerne bestätigen, was in Psalm 91 steht: ‚Er hat seinen Engeln befohlen, dass sie dich beschützen auf allen deinen Wegen.'

Er hat Sturm geklingelt und gesagt, dass wir alle mal aus unserem verdammten lieblosen Verdammnisalbtraum aufwachen sollen. Das Jahr 2008 brachte mir die Erkenntnis, dass ich endlich einmal Butter bei die Fische geben sollte. Ich wollte, ich musste mich taufen lassen. So ging das ja nicht mehr weiter. Und ich wusste, es würde etwas sein, was tiefer geht als die malerischen Puja-Riten der Hindus. An der Taufe interessierte mich das, was Christus uns verheißt. Das, was unsichtbar geschieht mit mir und Jesus. Wir beide hatten so lange in wilder Ehe gelebt. Jetzt musste es mal was Festes werden. Und das ist für mich die Taufe in erster Linie. Die Besiegelung einer großen, ewigen Liebesgeschichte. Immer wieder hatte ich Angst vor einer festen Beziehung mit ihm. Dann mussten wir eben noch ne Runde drehen. Einmal eben noch mal kurz nach Indien. Noch mal um die halbe Welt. Komm Nina, stell dich nicht so an. Wir gehören doch zusammen. Für immer."

Hier spricht eine Frau, die angekommen ist. (CF)

Nina Hagen,

geb. 1955, Rocksängerin, Schauspielerin, Songwriterin, Mutter des deutschen Punk, engagiert sich seit vielen Jahren in einem Kölner Hospiz.

Gott will mich einbeziehen
in seine Bewegung der Liebe
und Versöhnung
für diese Welt.

Heidi Krause-Frische

Esther Mujawayo-Keiner

Stéphanies Blume

Esther hat den Völkermord im afrikanischen Ruanda 1994 überlebt. 100 Tage geschieht dort Unvorstellbares, ein Gemetzel, von langer Hand vorbereitet. Fast eine Million Tutsi, eine Volksgruppe Ruandas, werden mit unvorstellbarer Brutalität von marodierenden Hutus ermordet. Die Macheten dafür sind „von oben" importiert und planmäßig unter das willige Volk gebracht. Esther und ihre drei kleinen Kinder überleben. Als das Töten beginnt, versteckt sie sich mit ihrer Familie in der Schule, in der ihr Mann Innocent Lehrer ist. Ihr Versteck wird verraten. Alle Männer und Jungen, auch Esthers Mann, werden abgeführt und umgebracht.

Mit den letzten Dollars verschafft sich Esther den Weg ins Hôtel des Mille Collines, bekannt als „Hotel Ruanda". Wieder folgen Wochen entsetzlicher Angst. Aber von dort gelingt Esther mit den drei Töchtern die Flucht nach Uganda. Gerettet! Nicht gerettet sind 223 ihrer Verwandten. Ihr Mann, die Eltern, Schwestern, Neffen, Nichten … alle ermordet.

Wie kann ein Mensch das Überleben überleben, fortan mit dem Grundgrauen leben lernen, das allen Überlebenden gemeinsam ist? Seitdem stellt Esther in ihren Büchern und weltweit bei ihren Vorträgen Fragen: „Wo wart ihr? Der Völkermord hätte verhindert werden können. Die Anzeichen waren da. Und wo seid ihr heute?“ Im Land müssen die Waisenkinder versorgt werden. 80 % aller überlebenden Frauen sind vergewaltigt worden. Die Hälfte von ihnen ist mit Aids infiziert.

Esther gründet mit anderen Witwen eine Selbsthilfegruppe, AVEGA. Sie beginnen mit fünfzig Witwen. Heute vereinigt AVEGA 30 000 Witwen. AVEGA will das Überleben sichern: Diese Frauen und ihre Familien bei der Sicherung der Grundbedürfnisse unterstützen, bei der Schulbildung für ihre Kinder. Und natürlich seelische Unterstützung leisten. Reden, miteinander weinen. Esther macht eine Ausbildung zur Traumatherapeutin. „Gemeinsam haben wir uns wieder aufgebaut … als Überlebende beschlossen, Lebende zu werden … Diese weibliche Solidarität war unsere Rettung. Andernfalls wäre ich untergegangen.“

Wie kann eine Gesellschaft nach so einem Geschehen weiterleben? Die verantwortlichen Politiker „verordnen“ der Bevölkerung Versöhnung. Esther widerspricht dieser „Versöhnungspolitik“, wenn nicht gleichzeitig Schuld und Schuldige benannt und die Opfer Wiedergutmachung und Gerechtigkeit erfahren.

Die letzten Worte ihres Mannes hallen in ihr nach: „Bring meine Kinder weit weg!“ Wagt sie vielleicht deshalb 1999 den großen Schritt? Sie heiratet den deutschen Pfarrer Helmut Keiner, der vor dem Völkermord in Ruanda gearbeitet hat. Ihre drei Töchter wachsen nun am Niederrhein auf. Jeden Tag führt sie sich das unaussprechliche Glück vor Augen, keines der drei wunderbaren Kinder verloren zu haben. „Doch dieser Gedanke vertreibt weder den Schmerz noch das Gefühl stummen Wahnsinns, das mir seit dem Völkermord zusetzt." Esther begleitet als Traumatherapeutin in Düsseldorf traumatisierte Flüchtlinge aus Afrika.

Zwölf Jahre nach dem Völkermord macht sie sich auf die Suche nach den sterblichen Überresten ihrer Schwester Stéphanie und deren Kindern. Sie begegnet den Tätern: „Wo habt ihr meine Schwester und ihre Kinder hingeworfen?" Die Antwort ist Schweigen. Unter den Trümmern des Elternhauses findet sie einen Strauch, den die Schwester gepflanzt hat. Stéphanies Blume. Heute blüht sie wieder. (CF)

Esther Mujawayo-Keiner,

geb. 1958 in Taba-Gitarama (Ruanda), Buchautorin, Soziologin und Traumatherapeutin im Psychosozialen Zentrum Düsseldorf

Das Faszinierende,
das Tröstende und Aufregende
für mich ist, dass die Kraft der
Vertuschung und der Unwahrheit
viel kurzatmiger ist
als die Energie der Wahrheit.

Corinna Ponto

Julia Albrecht, Corinna Ponto

Die Patentöchter

Ein warmer Sommertag 1977 in Oberursel. Koffer stehen für die lang ersehnte Familienreise gepackt im Flur. Kurzfristig kündigt Susanne ihren Besuch an und natürlich möchte sich Jürgen Ponto, Vorstandssprecher der Deutschen Bank, Zeit nehmen für die Tochter seines sehr guten Freundes Hans-Christian Albrecht. Seit Jugendzeiten verbindet die beiden Männer und ihre Familien eine enge Freundschaft. Gegenseitig sind sie die Patenonkel ihrer Kinder.

Susanne Albrecht wird willkommen geheißen, überreicht rote Rosen. Zwei fremde Personen begleiten sie. Jürgen Ponto ahnt nicht, dass Susanne RAF-Mitglied geworden ist und er gerade seinen Mördern die Tür geöffnet hat. Vor den Augen der Ehefrau wird Jürgen Ponto von den beiden RAF-Terroristen Brigitte Mohnhaupt und Christian Klar hingerichtet.

Julia Albrecht ist 13 Jahre, als ihre Schwester Susanne am Mord von Julias Patenonkel beteiligt ist. Corinna 19 Jahre, als ihr Vater ermordet wird. Das Band zwischen den so eng verbundenen Familien ist brutal zerschnitten. Die Witwe Ignes Ponto flieht nach einem Brandanschlag auf ihr Grundstück (verübt während der Beerdigungsfeier ihres Mannes) mit den beiden Kindern in die USA. Dort wird Corinna Opernsängerin und gründet eine Familie.

Familie Albrecht muss mit der furchtbaren Tat von Susanne leben, die nach dem Mord untergetaucht ist. Julia sieht ihre große Schwester nur noch auf den allgegenwärtigen RAF-Fahndungsplakaten. Und sie vermisst sie schmerzlich. Am schlimmsten ist für die Jugendliche das beredte Schweigen. Warum nur spricht niemand aus, was doch alle denken?

Trauer, Schmerz, Wut, Scham, das große Warum begleiten beide Familien. Susannes Eltern fragen sich immer wieder verzweifelt: „Wie konnte unser Kind, dem wir unsere Werte vermittelten, dahin kommen?" Erst 13 Jahre später erfahren sie, dass Susanne – wie viele andere RAF-Terroristen – in der DDR von der Stasi mit einer neuen Identität ausgestattet wurde. Als Ingrid Jäger lebt sie inzwischen ein bürgerliches Leben, hat geheiratet, ist Mutter.

Nach der Wende fliegt ihre Tarnung auf. Während des Prozesses, den Julia im Gerichtssaal verfolgt, muss die Familie erkennen: „Susanne war nicht irgendwie und aus Versehen RAF, Susanne war RAF."

Mehr als dreißig Jahre nach der Tat nimmt Julia Albrecht zu Corinna Ponto Kontakt auf. Mit tastenden, vorsichtigen Worten verfasst sie einen Brief. Corinna antwortet umgehend. Ein erstes Treffen findet statt. Eigentlich könnten beide nicht weiter voneinander entfernt sein. Und doch haben sie eine gemeinsame Geschichte. Die beiden Frauen entscheiden sich für den schriftlichen Austausch.

Viele Jahre später entsteht aus ihrem Dialog ein gemeinsames Buch, in dem sie verletzlich und eindrücklich vom erlebten Gefühlschaos erzählen. Wie der Untertitel „Im Schatten der RAF“ bezeugt, werfen die Terrorakte der RAF-Terroristen ihre Schatten bis in die Gegenwart der beiden Frauen. Seite an Seite können die Patentöchter die Innenräume der anderen betreten und so der Wahrheit näher kommen.

Schließlich kann Corinna sagen: „Das Faszinierende, das Tröstende und Aufregende für mich ist, dass die Kraft der Vertuschung und der Unwahrheit viel kurzatmiger ist als die Energie der Wahrheit.“ (CF)

CORINNA PONTO,
geb. 1957, Opernsängerin;

JULIA ALBRECHT,
geb. 1964, Juristin, Journalistin

Gedenkt an eure Lehrer, die euch das Wort Gottes gesagt haben; ihr Ende schaut an und folgt ihrem Glauben nach.

Hebräer 13,7

Susanna Wesley

Mutter mit Methode und Disziplin

In einer Zeit, in der für junge Frauen Bildung nicht vorgesehen war und es vorrangig galt, hübsch und fügsam zu sein, hatte Susanna Annesley andere Ambitionen. Sie war sehr hübsch, keine Frage. Doch das hochintelligente, wissensdurstige Mädchen beherrschte schon als junger Teenager Hebräisch und Griechisch, studierte stundenlang die Bibel und hatte klare eigene Ansichten.

Susannas Glaube zeichnete sich durch Disziplin aus. Die Bibel zu studieren und ein rechtschaffenes Leben zu führen, gehörten zu ihren obersten Prioritäten. Mit 19 heiratete die Pastorentochter den sieben Jahre älteren, sehr gelehrten Samuel Wesley – ebenfalls Pastor und mit ebenso starken Meinungen wie sie.

Das Eheleben der Wesleys gestaltete sich bald als sehr herausfordernd. Die permanenten Meinungsverschiedenheiten der Eheleute und Susannas Unwille, sich allen Ansichten ihres Mannes „unterzuordnen", führten zu einer ausgewachsenen Ehekrise. Samuel verließ seine Frau erbost, um erst nach vielen Monaten wieder zurückzukehren.

Susanna musste ihre Kinder – am Ende überlebten 10 von

19 – aber nicht nur dieses Mal allein durchbringen. Teilweise blieb ihr Mann wochenlang von zu Hause fern, weil er lieber anderswo seinen literarischen und theologischen Neigungen nachging, als in der kleinen Ortsgemeinde vor ungebildeten Bauern zu predigen. Oder weil er aufgrund seines verschwenderischen Lebenswandels im Schuldgefängnis saß.

Der Kampf ums tägliche Überleben der Familie zehrte an Susanna. Dazu war die Pfarrfamilie im Dorf äußerst unbeliebt. Unter anderem, da sie in einer Zeit, in der von vielen die Macht der Krone infrage gestellt wurde, zum englischen Königshaus hielt. Mehr als einmal versammelte sich abends ein lärmender Mob vor dem Haus, einmal wurde das reife Flachsfeld der Wesleys – die Hoffnung auf dringend benötigte Einkünfte – in Brand gesteckt, einmal die Euter der Kühe aufgeschlitzt, zweimal brannte das Pfarrhaus durch Brandstiftung nieder. Fast wäre der sechsjährige John Wesley dabei den Flammen zum Opfer gefallen.

Susanna widmete ihm nach seiner dramatischen Rettung besondere Aufmerksamkeit. Gott musste Großes mit ihm vorhaben. Doch auch den anderen Kindern – Jungen wie Mädchen – ließ sie eine streng disziplinierte Erziehung und strukturierte Bildung zukommen. Ihr Vorbild im Gottvertrauen, ihr regelmäßiges Gebetsleben und ihre hohen moralischen Ansprüche prägten die Kinder zutiefst.

Die Söhne John und Charles Wesley wurden Pastoren. In einem tiefgreifenden Bekehrungserlebnis fanden sie zu einer ganz persönlichen „inneren Gewissheit" ihrer Rettung durch Jesus Christus. Etwas, das im gesetzlich und intellektuell geprägten Glauben der Mutter so nicht vorkam. Die Brüder begannen, als Erweckungsprediger durch England zu ziehen.

Eine große Bewegung entstand. Schließlich begründeten die Wesley-Brüder die bis heute verbreitete methodistische Tradition, die sich durch eine strenge christliche Lebensführung auszeichnet.

Susanna, die erst sehr skeptisch zu der „persönlichen Glaubensbeziehung zu Jesus Christus" stand, erlebte im Alter von 70 Jahren selbst eine Offenbarung Gottes. Ihr Herz wurde von der Wahrheit ergriffen, dass es nicht auf ihre Werke ankam, um von Gott angenommen zu werden, sondern auf Jesu Liebe und Gnade. (AS)

Susanna Wesley,

1669–1742, Autodidaktin und Mutter des Methodismus

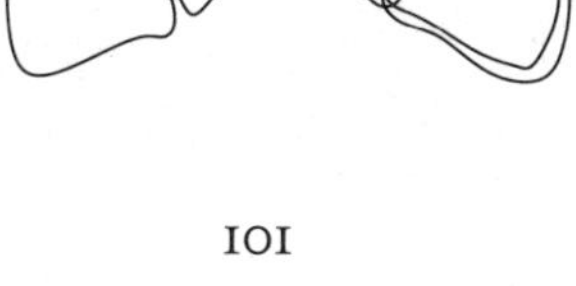

Wenn du dich mit meinen Augen sehen könntest, dann würdest du dich auf der Stelle lieben! Dein himmlischer Vater

Valerie Lill

Andrea Sawatzki

„Wir haben eine Verantwortung für die Schwächeren“

Hätte sie ihren Beruf als Schauspielerin nicht gefunden, wäre sie wohl auf der Straße gelandet. Davon ist Andrea Sawatzki überzeugt. Als es in der Schule nur noch bergab geht, bewirbt sie sich, auf den Rat eines Lehrers hin, an der Schauspielschule in München. Zwar fällt sie auch hier viermal durch die Abschlussprüfung, doch letztlich erhält sie ein Engagement an der Landesbühne Wilhelmshaven. Ein Rettungsanker, wie sie heute sagt, denn sich als Schauspielerin für kurze Zeit in ein anderes Leben zu flüchten, habe ihr damals sehr geholfen. Geholfen, ihrer traumatischen Kindheit zu entfliehen und dem Selbsthass.

Sawatzki wächst bei ihrer alleinerziehenden Mutter auf, die als Krankenschwester Schichtdienst hat und ihre Tochter zeitweise bei einer Pflegefamilie unterbringt. Als Andrea acht Jahre alt ist, ziehen sie zu Sawatzkis 65-jährigem Vater, der an Alzheimer erkrankt ist. Mutter und Tochter pflegen den jähzornigen Mann, der seine Tochter nicht mehr erkennt und angreift, im Wechsel tagsüber und nachts – ohne Unterstützung. Er stirbt an Krebs, da ist Andrea gerade mal 15 – und am Rand ihrer Kräfte, isoliert, ohne Freunde.

Die schwere Last dieser Jahre verfliegt zeitweise beim Theaterspielen. Schließlich wechselt Sawatzki zum Fernsehen. Ihr markantes Gesicht mit den strahlend blauen Augen und ihre roten Haare prägen sich ein. Der Durchbruch gelingt Sawatzki in der Rolle der Frankfurter Tatort-Kommissarin Charlotte Sänger. Viele Rollen im TV und Kino folgen, auch spricht sie Hörbücher ein. Heute gilt sie als eine der bekanntesten und vielseitigsten Schauspielerinnen ihrer Generation. Strahlt Lebenslust und Freude vor und abseits der Kamera aus.

Bei einem Dreh auf Amrum lernt sie ihren späteren Mann – den Schauspieler und Autor Christian Berkel – kennen. Bis dahin ist sie überzeugt, Einzelgängerin zu sein, und traut sich nicht zu, Verantwortung für eigene Kinder zu übernehmen. Mit ihrem Partner geht sie es an, diesen unheilvollen Kreislauf zu durchbrechen – Andrea arbeitet hart an sich selbst, schließt Frieden mit der Vergangenheit und lernt sich selbst lieben. Das Paar wagt es – sie bekommen zwei Söhne, heiraten und erleben Familiesein als tiefes Glück.

Sawatzki beginnt mit dem Schreiben. Ihr Debüt, der Psychothriller „Ein allzu braves Mädchen“, wird zum Spiegel-Bestseller. Es folgen weitere erfolgreiche Bücher wie die Romanreihe um Familie Bundschuh – deren Familienmutter Gundula fröhlich Sawatzkis Alter Ego verkörpert: eine Frau Mitte 50 mit hohen Ansprüchen, die immer wieder an sich selbst verzweifelt. Das ZDF verfilmt die Komödien – mit der Verfasserin in der Hauptrolle.

Sawatzkis Thriller basieren auf ihrer langen persönlichen Beschäftigung mit dem Thema Kindheitstrauma, dem Gedanken, vieles verhindern zu können, wenn man sich der Kinder früh annehmen würde. Die Autorin selbst wundert sich, warum sie damals niemand fragte, was los war. Sie ist überzeugt, dass man als Erwachsener Verantwortung für die Schwächeren habe, besonders für Kinder. Sawatzkis eigene Erfahrung begründet ihr großes Engagement für „Ein Platz für Kinder", eine Stiftung für traumatisierte Kinder, sowie ihren Einsatz bei der Berliner Stadtmission. (AS)

ANDREA SAWATZKI,
geb. 1963, Schauspielerin und Autorin;
Mehr dazu: andreasawatzki.de

Am besten *laufen die Dinge* für den, der daraus, wie sie laufen, das Beste zu machen weiß.

Unbekannte Verfasserin

Rosie Swale Pope

Abenteurerin aus Liebe zum Leben

Als ihr geliebter Mann Clive viel zu jung stirbt, ist Rosie am Boden zerstört. Hätte man den Prostatakrebs früher erkannt, hätte er gute Heilungschancen gehabt. Bald weiß Rosie Swale Pope, dass sie etwas Verrücktes tun möchte, um Clive ein Denkmal zu setzen. Auch um selbst wieder zurück ins Leben zu finden und um Aufmerksamkeit zu schaffen: Sie will verschiedene Marathonläufe auf der ganzen Welt bestreiten, um für Vorsorgeuntersuchungen zu werben. Erst vor wenigen Jahren, mit 47, hatte Rosie das Laufen für sich entdeckt und an unterschiedlichen Marathons – sogar durch die Sahara – teilgenommen. Als sie nun vor der Weltkarte steht und über neue Lauforte nachdenkt, durchzuckt sie plötzlich ein Gedanke: Ich laufe stattdessen um die ganze Welt!

Rosie, eine energiegeladene, positive und risikobereite Frau, hat schon so manche Abenteuer bestritten: Mit ihrem ersten Mann samt Kindern schipperte sie in einem Katamaran um die Welt, später segelte sie ganz allein über den Atlantik, ein Jahr darauf ritt sie vierzehn Monate lang 4830 Kilometer durch Chile bis zum Kap Hoorn und umrundete im Winter zu Fuß ihr Heimatland Wales – 2200 Kilometer. Jedes

Mal schrieb sie Bücher über ihre Abenteuer und immer wieder nutzte sie ihre Expeditionen als Möglichkeit, Spenden für gute Zwecke zu sammeln.

Nun also will sie laufend die Welt umrunden. Um so wenige Ozeane wie möglich zu überqueren, wählt sie die nördliche Route – durch Nordeuropa, Sibirien, Alaska und Grönland. Ein waghalsiges Vorhaben durch extreme Kälte und unberührte Wildnis.

Schließlich startet sie an ihrem 57. Geburtstag mit einem großen Rucksack samt Gaskocher und Biwak, in dem sie an Straßenrändern, im Wald oder im sibirischen Schnee schlafen wird, mit geringem Budget und ohne Begleit-Crew. Immerhin wird ihre Ausrüstung gesponsert: die 53 Paar Laufschuhe, die sie zerschleißen, die unzähligen Daunenjacken und die Extremsportkleidung, dank derer sie den sibirischen Winter und Alaska mit minus 50 Grad Celsius überleben wird, sowie später der Hänger, der ihren beschwerlichen Rucksack ersetzt und den sie hinter sich herziehen kann.

Ihr Lauf wird wie erwartet zu einer Reise voller Abenteuer, Gefahren, Begegnungen und Überraschungen: Ein Rudel Wölfe begleitet sie in Sibirien eine Woche lang, Bären tapsen nachts um ihr kleines Zelt, raue Männer bedrohen sie, im sibirischen Winter und in Alaska kämpft sie gegen das Erfrieren. Verletzungen, Krankheiten und die Einsamkeit Tausender unbesiedelter Kilometer zehren an ihrer mentalen Kraft.

Rosie stellt sich mit unbeugsamem Willen und einer bewundernswerten Vitalität diesen Herausforderungen, sieht ihrer Angst direkt ins Auge und vertraut in brenzligen Situationen auf ihren Instinkt. In Notlagen ruft sie sich die unzähligen wunderschönen Begegnungen mit Menschen in Erinnerung, die ihr bislang Wärme, Gastfreundschaft, Menschlichkeit und Freude geschenkt haben.

Ihr großes Herz für Menschen und Tiere, das über die Schönheit von Wildnis und Natur staunt, verhilft ihr entscheidend zum Erfolg: Nach fünf Jahren bewältigt Rosie Swale Pope 2008 ihren Lauf um die Welt – 32 000 Kilometer voller Liebe zum Leben. Inzwischen ist die bald 80-Jährige unterwegs auf einem Spendenlauf nach Nepal. Ihre Message diesmal: Alter spielt keine Rolle, um seine Träume zu leben.

(AS)

ROSIE SWALE POPE,

geb. 1946 in Davos, Abenteurerin und Autorin,
lebt heute in Wales.

MEHR ALS „DIE FRAU VON"

Das Leben will gelebt werden.

Das ist alles,
was es zu tun gibt!

Eleanor Roosevelt

Eleanor Roosevelt

Mehr als eine First Lady

Die kleine Eleanor hat keinen guten Start ins Leben. Sie wird in eine sehr reiche Familie, aber in arme Beziehungen hineingeboren. Ihre Mutter stirbt jung, ihr Vater fristet seine letzten jungen Jahre alkoholabhängig im Krankenhaus und stirbt an den Folgen eines Selbstmordversuchs. Mit zehn Jahren ist Eleanor Vollwaise. Emotional gerettet wird sie von der Schulleiterin eines englischen Internats, das sie drei Jahre lang (1899–1902) besucht. Durch diese Lehrerin gewinnt sie an Selbstbewusstsein und Herzlichkeit. Diese „glücklichsten Jahre meines Lebens" sind ein Kapital, von dem sie immer zehren wird.

1905 heiratet sie Franklin Roosevelt. Bis 1916 bekommen sie eine Tochter und fünf Söhne. Was für eine Demütigung, als sie nach dreizehn Ehejahren entdeckt, dass ihre gute Freundin und Sekretärin Franklins Geliebte ist! Eleanor bietet die Scheidung an. Das Ehepaar beschließt, auch um die politische Karriere des Mannes nicht zu gefährden, ihre Ehe auf freundschaftlicher Basis fortzusetzen.

Nach dieser Kränkung entscheidet sich Eleanor für ein von ihrem Mann unabhängiges sozialpolitisches Engagement.

Die Stärkung der Frauenrechte und sozialer Fortschritt sind für sie untrennbar verbunden: Sie kämpft für Gesundheitsschutz am Arbeitsplatz, die Schaffung einer Unfall- und Arbeitslosenversicherung und gegen Kinderarbeit.

Erst 1920 erhalten die Frauen in den USA das Wahlrecht und erobern sich gegen viel Widerstand politische Ämter. Eleanor ist an vorderster Front dabei. Sie hat die höchsten Ämter in der Demokratischen Partei inne, die bis dahin von einer Frau übernommen wurden. An Franklins Seite ist sie zwölf Jahre die First Lady der USA (1933–1945). Während der Naziherrschaft in Deutschland gilt sie als das „moralische Gewissen“ ihres Mannes, des mächtigsten Politikers seiner Zeit. Im Kampf für soziale Gerechtigkeit sind sie tief verbunden.

Bei Franklins Amtsantritt wurde von der First Lady selbstverständlich erwartet, dass sie vor allem eine gute Gastgeberin im Weißen Haus war und an der Seite des Präsidenten eine gute Figur machte. Für eine politische Frau wie Eleanor war das viel zu wenig! Schon am Tag der Amtseinführung ihres Mannes gab sie ein erstes Interview und die wöchentliche Pressekonferenz ausschließlich für weibliche Reporterinnen gehörte von nun an zu ihrem Programm.

Heute würde man diese rührige First Lady eine Aktivistin und Bürgerrechtlerin nennen. Sie schreibt eine tägliche Zeitungskolumne, begeistert Menschen als warmherzige und begnadete Vortragsrednerin. Strategisch klug nutzt sie das erst junge Radio für eigene Sendungen und erreicht im ganzen Land viele Menschen. Mit zwei anderen Frauen gründet sie ein politisches Frauenmagazin.

Franklin stirbt kurz vor Ende des Zweiten Weltkriegs im April 1945. Selbstständig, wie Eleanor bisher war, ist das nicht das Ende ihrer politischen Laufbahn. Die wichtigste Aufgabe ihres politischen Lebens sollte erst kommen: Roosevelts Amtsnachfolger Harry S. Truman beruft sie als US-Delegierte für die Vereinten Nationen, die 1945 gegründet wurden. Mit ausgleichender Kraft leitet sie die Menschenrechtskommission. Die „Allgemeine Erklärung der Menschenrechte", die am 10. Dezember 1948 von der Generalversammlung verabschiedet wird, trägt zu großen Teilen ihre Handschrift. Eleanor ist heute das große Frauenvorbild in den USA. Beachtung verdient ihr Leben weltweit. (CF)

ELEANOR ROOSEVELT,

1884–1962, von 1933 bis 1945 First Lady der USA,
Botschafterin, Menschenrechtsaktivistin

Billig ist *der Weg*
zur inneren Ruhe
niemals zu haben,
weder für den, der ihn geht,
noch für den,
der darauf führen will.

Elly Heuss-Knapp

Elly Heuss-Knapp

Mutter der Mütter

Elly Heuss-Knapp, die Frau des ersten Bundespräsidenten Theodor Heuss, ist leidenschaftlich gern die erste „First Lady“ der Bundesrepublik Deutschland. Sie weiß ihr Amt gut zu nutzen: Ihr verdanken wir die Gründung des „Müttergenesungswerks“. Äußerlich durch eine schwere Erkrankung geschwächt, gibt sie all ihre Kraft. Noch die letzten Tage auf dem Krankenbett nutzt sie für das, was ihr zeitlebens am Herzen lag: die Not vieler Frauen und Mütter aufzudecken und zu lindern.

Schon 1905 bringt die 23-Jährige in Berlin mit einer Heimarbeiterinnen-Wanderausstellung skandalöse Zustände ans Licht: Tag und Nacht schuften Frauen, oft mit ihren Kindern, in engen Wohnräumen für einen kärglichen Lohn. Durchschnittlich 25 Mark bekommen sie im Monat, wovon sie oft 20 Mark für die Miete zahlen müssen. Die gesellschaftliche Empörung über das Ausmaß der Not ist groß. Die Politik reagiert und erlässt 1911 ein Heimarbeiterinnengesetz mit vielen Schutzvorschriften. Elly erlebt: Aufklärungsarbeit und Protest können etwas bewirken.

Sie selbst ist auf der Sonnenseite des Lebens geboren. Wenn

man davon absieht, dass ihre Mutter nach der Geburt der kleinen Elisabeth Eleonore Anna Justine psychisch erkrankt und fortan in psychiatrischen Anstalten und Sanatorien lebt.

Professor Georg Friedrich Knapp wird zum alleinerziehenden Vater seiner beiden Töchter. Der liberal denkende Mann, dem die Bildung seiner Töchter am Herzen liegt, ermöglicht Elly, einen eigenen Beruf zu lernen. Sie wird Lehrerin. Schnell merkt sie, dass ihr für den Unterricht Fachwissen fehlt. Sie studiert zwei Semester Volkswirtschaft. Um dafür als einzige Studentin zugelassen zu werden, braucht sie viel Überredungskunst. Aber Beharrlichkeit ist eines von Ellys Markenzeichen.

Als junge Lehrerin gründet sie eine „Fortbildungsschule für Mädchen". Sie ist überzeugt: Eine gute (Berufs-)Bildung für Mädchen und ihre berufliche Selbstständigkeit schützen vor Armut.

Getraut werden Theodor und Elly 1908 von dem später so berühmten „Urwalddoktor" Albert Schweitzer, einem alten Jugendfreund. Hunderte von Briefen und viele Gespräche während der Verlobungszeit haben Theodor auf seine junge Frau vorbereitet. Sie besteht darauf, ihr Geld selbst zu verwalten und auch in der Ehe berufstätig zu sein – für damalige Zeiten außergewöhnlich. Als ahnte Elly schon, dass sie später die Familie finanziell über Wasser halten muss.

Denn kurz nach Hitlers Machtergreifung erhält Theodor Heuss als Politikprofessor Berufsverbot und verliert sein Reichstagsmandat. Ellys Artikel und Vorträge darf plötzlich niemand mehr lesen und hören. So wird Elly mit 52 Jahren selbstständige Geschäftsfrau und innerhalb eines Jahres ein Star der deutschen Werbung. Als Radiowerbung noch bedeutet, einfach nur Zeitungsanzeigen abzulesen, erfindet sie den Werbespot und den „Jingle“ als Erkennungszeichen. Das ist revolutionär. Große Firmen wie Nivea, Henkel-Trocken und Persil gehören zu ihren Kunden. Als die Nazis Radiowerbung verbieten, kreiert sie innovative Kinowerbung.

Nach dem Krieg steigen Elly und ihr Mann wieder aktiv in die Politik ein. Elly wird Landtagsabgeordnete in Stuttgart, bis der politisch integre Theodor Heuss zum Bundespräsidenten gewählt wird. Elly geht, körperlich schon sehr angeschlagen, diesen Weg gern mit. Albert Schweitzer gratuliert ihr: „Dir haben die Musen verliehen, dass du in der Hütte und im Palast in gleicher Weise am Platze bist.“ (CF)

Elly Heuss-Knapp,

1881–1952, Lehrerin, Werbefachfrau, First Lady, Gründerin des Müttergenesungswerks

Die Vernunft
kann nur reden.
*Es ist die Liebe,
die singt.*

Unbekannte Verfasserin

Anna Magdalena Bach

„Kommt, ihr Töchter, helft mir klagen"

Eigentlich könnte man die beiden Kollegen nennen, den von ihr hochverehrten Johann Sebastian Bach und sie, die Sängerin Anna Magdalena Wilcke. Beide arbeiten als Musiker am Hof des Fürsten Leopold in Köthen (heute in Sachsen-Anhalt). Anna Magdalena Wilcke ist die jüngste der vier Töchter des fürstlichen Hof- und Feldtrompeters, will heißen, ihr Vater blies zur Jagd und zum fürstlichen Tanz. Musik wurde der kleinen Anna also sprichwörtlich in die Wiege gelegt. Unterricht hat sie bei der Primadonna des Weißenfelser Hofes und darf sich fortan Meistersängerin nennen. Ihr Körper ist ihr Instrument, das sie bewundernswert zum Klingen bringt.

Schon früh macht sie sich als Sopranistin einen Namen. Der dringt bis an die Ohren des Kapellmeisters Bach, der sie nach Köthen beruft. Sie erhält nach Bach das zweithöchste Gehalt am Hof. Alle Achtung, dabei ist sie doch noch so jung!

Der Witwer Bach bemerkt bald, dass Anna weitere Qualitäten hat, und bittet sie, seine Frau zu werden. Seine vier Kinder aus erster Ehe bekommen eine Stiefmutter, die ihr Bestes gibt. Leider wird ihr das in ihren letzten Jahren nicht vergolten.

Nach ihrer Hochzeit 1721 ist sie weiter berufstätig. Damit ist Schluss, als ihr Mann Kantor an der Thomaskirche in Leipzig wird. Die Oper in Leipzig hat gerade ihre Tore geschlossen und die Kirchenmusik ist zu der Zeit für Frauen verschlossen. Nur Jungen und Männer dürfen in den Kirchen singen. So sitzt Anna Magdalena an manchen Sonntagen im Gottesdienst, lauscht der neu komponierten Kantate und denkt gewiss so manches Mal: „Ach, wenn sie mich nur ließen!"

Zum Glück gibt es ja die Hausmusik, die das Ehepaar Bach nach der Überlieferung sehr genossen hat. Sie verbindet eine große Liebe zueinander und zur Musik. Anna Magdalena scheint fortwährend schwanger. Dreizehn Kinder bringt sie zur Welt. Davon zehn in zehn Jahren. Und immer wieder tragen die Bachs ein Kind zu Grabe. Sieben ihrer Kinder.

Wohin mit der Trauer? Wo findet Anna Trost? In der Arbeit? Davon gibt es immer genug. Die große Schar der Kinder, das Haus voller Gäste. Der aussichtslose Kampf gegen Wanzen, Flöhe und Läuse. Und dann das handschriftliche Kopieren der Noten bis spät in die Nacht bei Kerzenschein. Ihr Mann muss jede Woche eine Kantate komponieren und zur Aufführung bringen. Da gilt es für die einzelnen Stimmen und Musiker viele Noten zu kopieren. Aber wo ist Trost? „Kommt, ihr Töchter, helft mir klagen" – mithilfe der Musik (hier aus dem Eingangschoral der Matthäuspassion) und der Lieder singt sich Anna Magdalena in den Trost und die Hoffnung hinein.

Die „Bachin" überlebt ihren Mann um zehn Jahre. Johann Sebastian hat der Nachwelt einen die Jahrhunderte prägenden musikalischen Schatz hinterlassen, aber kein Geld. Dafür einen Schuldenberg. Die ebenfalls berühmten Söhne aus erster Ehe sorgen nicht für die Stiefmutter. Anna Magdalena Bach stirbt in Leipzig in großer Armut. (CF)

Anna Magdalena Bach,

1701–1760, Sopranistin,
verheiratet mit Johann Sebastian Bach

Probier einfach Neues aus.
Hab keine Angst.
Komm aus deiner Komfortzone
und flieg!

Michelle Obama

Michelle Robinson Obama

Leben für Ideale

Seit sie ein kleines Mädchen ist, träumt Michelle von einem Einfamilienhaus mit Treppe. Dass sie eines Tages in der berühmtesten Adresse der Welt, dem Weißen Haus in Washington, leben würde, hätte sie sich niemals träumen lassen. Aufgewachsen in einer bescheidenen Familie im schwarzen Arbeiterviertel Southside in Chicago, wohnte sie zwar auf beengtem Raum, doch glücklich mit ihrer Familie und den Verwandten in der Nachbarschaft.

Durch ihre Klugheit, ihren Ehrgeiz und wohlwollende Förderer eröffnet sich „Mich", so ihr Spitzname, ein besserer Bildungsweg als anderen. Dazu treibt sie ihr innerer Selbstzweifel „Bin ich gut genug?" stets dazu an, mit den Besten Schritt zu halten. So gelangt sie auf eine gemischte, gute Highschool und schließlich sogar an die Eliteuniversitäten Princeton und Harvard.

25-jährig kehrt sie mit zwei Abschlüssen – in Soziologie und Jura – nach Chicago zurück und klotzt weiter: In einer großen Anwaltskanzlei stellt sie ihr Können und ihren scharfen Verstand erfolgreich unter Beweis, kann ihren riesigen Studienkredit bedienen und sich ein angenehmes Leben leisten.

Als junge Juristin erklärt sie sich bereit, für einen Praktikanten als Mentorin zur Verfügung zu stehen: Barack Obama, drei Jahre älter, aber noch Student der renommierten Columbia Universität in New York. Diesem idealistischen Anwaltsanwärter ist mehr daran gelegen, Arbeitserfahrung zu sammeln, als sein Studium in Rekordzeit abzuschließen.

Was der zielstrebigen, stetigen und überaus realistischen Michelle erst einmal fremd ist, zieht sie bald an: der visionäre, grenzenlos optimistische und immer rastlose Barack, der ihr schon bald den Hof macht. Beide eint vor allem die Frage, was sie in dieser Welt verändern können, wie sie zu mehr Gerechtigkeit beitragen und Benachteiligten unter die Arme greifen können.

Bald beginnt eine eisern verteidigte Front bei Mich zu bröckeln – die Überzeugung, Anwältin zu sein, sei genau das, was sie wolle. Schließlich kündigt sie, arbeitet unter anderem im Rathaus, baut danach eine gemeinnützige Organisation zur Ausbildung zukünftiger Führungskräfte mit auf und blüht in Leitungspositionen auf, die stets im Blick haben, Brücken zu bauen und Hemmschwellen zu senken.

Auch Barack macht demokratische Graswurzelarbeit für sein Viertel, kämpft für höhere Wahlbeteiligung, wird Senatsabgeordneter von Chicago und schließlich Senator für Illinois.

Inzwischen haben die Obamas tatsächlich ein zweistöckiges Einfamilienhaus und zwei Töchter – doch ein von zwei Vollzeitjobs und Baracks vielem Pendeln geprägtes Familienleben. Michelle hofft auf einen geregelten Acht-Stunden-Job für ihren Mann. Als der plötzlich über Nacht durch eine rauschende Rede zum „Rockstar“ der Politik wird, werden überall Stimmen laut, Barack solle als Präsident kandidieren.

Michelle hadert. Viel lieber möchte sie ihren Mann für die Familie, statt ihn mit über 320 Millionen anderen Bürgern zu teilen. Doch sie weiß um Baracks große Intelligenz und seine hohen Ideale, die das Leben so vieler Menschen verändern könnten, und willigt schließlich ein. Nicht viel später wird sie für acht Jahre First Lady der USA. Auch in dieser Rolle setzt sie sich weiterhin für weniger privilegierte Kinder und Jugendliche ein, ruft u. a. ein Ausbildungs-Mentoringprogramm für Minderheiten ins Leben und macht sich für gesündere Ernährung stark. (AS)

MICHELLE OBAMA,

geb. 1964, Rechtsanwältin, Autorin und ehemalige US-amerikanische First Lady

MUTIGER WIDERSTAND

Ohne Mut und Inspiration
werden die Träume sterben,
*die Träume von Freiheit
und Frieden.*

Rosa Parks

Rosa Parks

Unfreiwillige Heldin

Rosa Parks ist an diesem Dezemberabend im Jahre 1955 schrecklich müde. Müde von der langen Arbeit. Müde all der alltäglichen Demütigungen einer menschenverachtenden Rassentrennung.

Aufgewachsen in den Südstaaten der USA erfährt sie jeden Tag, dass die Weißen sich für den besseren Teil von Gottes Schöpfung halten. In ihrer Gemeinde darf sie Gott nur mit anderen schwarzen Christen loben. Sie lernt in einer Schule ausschließlich mit schwarzen Kindern, dem „College of Negroes“. Ihren Großvater beobachtet sie als Kind, wie er sich und seine Familie mit dem Gewehr vor Anhängern des rassistischen Ku-Klux-Klan schützt. Dass Schwarz und Weiß gemeinsam auf der Parkbank sitzen und den Vögeln lauschen? Undenkbar! Es ist eine Ungerechtigkeit, die zum Himmel schreit, aber noch bleiben die Menschen in den Fünfzigerjahren des letzten Jahrhunderts meist stumm.

Nun sitzt Rosa nach getaner Arbeit erschöpft im Bus auf einem Platz in der fünften Reihe. Die ersten vier Reihen sind für Weiße reserviert. An dem Tag kommen mehr weiße Fahrgäste und der Busfahrer fordert die fünfte Reihe, die mit schwarzen Fahrgästen besetzt ist, auf, aufzustehen. Alle tun dies – nur Rosa Parks bleibt sitzen. Folgt sie einer plötzlichen Eingebung? Oder hat sie diese Situation im Kopf schon Hunderte Male durchgeprobt? Wie auch immer – ihr Mutanfall wird zu einer Initialzündung ungeahnten Ausmaßes. Ein Sitzenbleiben mit durchschlagender Wirkung. Dieser mutige Schritt macht sie zur unfreiwilligen Heldin.

Schon zu Lebzeiten wird sie zur Symbolfigur der Bürgerrechtsbewegung. Kinder können ihre Geschichte in Schulbüchern lesen. Doch der Weg dorthin ist steinig. Die Polizei verhaftet Rosa Parks. Sie wird zu einer Geldstrafe verurteilt. Daraufhin organisiert Martin Luther King den „Montgomery Bus Boycott", der über ein Jahr durchgehalten wird. Schwarze bestreiken die Busse, sie gehen auch weite Strecken zu Fuß zur Arbeit. In der Zeit ist die schwarze Bevölkerung großen Repressalien durch die Behörden ausgesetzt. Am Ende steht der große Erfolg. Die Rassentrennung in Bussen wird höchstrichterlich verboten. Der Busboykott verhilft der Bürgerrechtsbewegung zum Durchbruch und macht auch Martin Luther King weltweit bekannt.

Rosa Parks selbst hat keine aufrüttelnden Reden gehalten, keine Artikel verfasst. Sie ist zur richtigen Zeit einfach nur sitzen geblieben. Eine Entscheidung mit großen Konsequenzen: Rosa Parks verliert ihre Arbeitsstelle als Schneiderin. Sie verlässt die Südstaaten und zieht nach Detroit. Dort arbeitet sie bis zur Rente bei einem Kongressabgeordneten und Bürgerrechtler.

Viele Jahre später geht ein Foto um die Welt. US-Präsident Obama schaut nachdenklich aus dem legendären Bus, in dem Rosa Parks den Aufstand wagte, als sie einfach sitzen blieb. Auch dieses Foto beweist: Es hat sich gelohnt. (CF)

ROSA PARKS,
1913–2005, Schneiderin, Aktivistin

Gott sagt:

Ich will euch trösten

wie eine Mutter

ihr Kind.

Jesaja 66,13

Katrin Behr

Zwangsadoptiert

„Erziehung ist darauf zu richten, die Kinder zur Liebe zu ihrem sozialistischen Vaterland der DDR zu erziehen." Nach DDR-Recht ist die „staatskonforme" Kindererziehung oberste Elternpflicht. Verweigern sich Eltern dem System, kann der Staat Eltern ihre Kinder wegnehmen und von linientreuen Genossen adoptieren lassen. Man schätzt, dass 7500 Zwangsadoptionen durch DDR-Gerichte vollstreckt wurden. Betroffen waren Kinder von Republikflüchtigen und von „Asozialen".

Katrin Behr und ihr Bruder werden 1972 ihrer Mutter entrissen. Katrins Mutter ist kritisch gegenüber dem DDR-Staat. Die Alleinstehende hat sich zu der Äußerung hinreißen lassen: „Wenn das hier so weitergeht, hau ich auch ab!" Das reicht aus, um sie als „asozial" abzustempeln. Am frühen Morgen weckt die Familie hartes Klopfen an der Tür. Polizisten und Mitarbeiterinnen des Jugendamtes Gera dringen in die Wohnung ein. Katrin und ihr Bruder werden aufgefordert, sich von der Mutter zu verabschieden.

Was die Vierjährige nicht ahnt: Es ist ein Abschied für mehr als 20 Jahre. Verzweifelt wartet Katrin im Kinderheim

Tag für Tag auf ihre Mutter. Nach zwei Jahren wird sie adoptiert. Katrins Adoptivmutter ist Lehrerin, Parteisekretärin, also in den Augen der DDR geeignet, Katrin staatskonform zu erziehen. Katrin passt sich an, will dazugehören, freut sich, bei den Jungen Pionieren dabei zu sein.

Schon in den 1970er-Jahren bringt das Magazin „Der Spiegel" das Thema Zwangsadoption ins Gespräch. Aber die Bundesregierung wagt in Zeiten der Ost-West-Annäherung nicht, der DDR gegenüber von Zwangsadoption zu sprechen.

In Katrins neuer Familie ist die leibliche Mutter ein Tabu. Schon früh verspürt das Mädchen den Wunsch, weit wegzuziehen. Nach ihrer Krankenschwester-Ausbildung heiratet sie einen Offizier und zieht nach Rügen. Das Paar bekommt zwei Kinder. Katrin wünscht sich nichts mehr als ein normales Familienleben, erlebt jedoch immer wieder eine tiefe innere Traurigkeit. 1991 schreibt die 24-Jährige ihrer leiblichen Mutter einen Brief. Innerhalb von zwei Tagen kommt die Antwort und eine Einladung.

Bei dieser ersten Begegnung erzählt die Mutter Katrin von der Brutalität des DDR-Regimes. Sie berichtet ihr, dass sie der Adoption nie zugestimmt und deshalb schreckliche sieben Haftjahre erlebt hat. Katrin kann es nicht glauben. Die „sozialistische" Erziehung in Schule und Adoptionsfamilie hat gewirkt. Sie bricht den Kontakt wieder ab.

Erst 2007 beantragt Katrin nach einem physischen und psychischen Zusammenbruch Akteneinsicht. Sie ist schockiert. Ihre Mutter hat bei der ersten Begegnung 1991 die Wahrheit gesagt: Weil sie der Adoption nicht zugestimmt hat, hat sie sieben Jahre zu Unrecht in DDR-Gefängnissen gesessen.

Katrin erfasst eine große Wut auf den Staat, aber sie schafft es, diese Wut in positive Energie umzuwandeln: „Das machst du öffentlich“, lautet ihr Entschluss. Schnell findet sie heraus, dass sie kein Einzelfall ist. Sie organisiert Demonstrationen, geht zur Presse. Aus der ehrenamtlichen Berufung wird ihr Beruf: Bis zum Jahr 2021 leitet sie in den Räumen der ehemaligen Stasizentrale Berlin die Anlaufstelle für Menschen, die von Zwangsadoption betroffen sind. Eine Plattform, wo sich Eltern und Kinder suchen können. Das Netzwerk hat schon mehr als 500 Familien zusammengeführt. (CF)

Katrin Behr,

geb. 1967, Krankenschwester, bis 2021 Leiterin der Anlaufstelle für Zwangsadoptierte in der ehemaligen Stasizentrale Berlin

WENN

Gott für uns ist,

WER KANN DANN

GEGEN UNS SEIN?

RÖMER 8,31

Elisabeth von Thadden

Widerstand wider Willen

So beschreibt der Historiker Rudolf von Thadden die Haltung seiner Tante Elisabeth während der Zeit des Nationalsozialismus. Gekostet hat sie diese Haltung das Leben: Sie wurde im Berliner Gefängnis Plötzensee hingerichtet.

Aufgewachsen auf dem Gut Trieglaff (Westpommern), muss Elisabeth nach dem frühen Tod ihrer Mutter mit 19 Jahren für ihre vier jüngeren Geschwister und den großen Haushalt sorgen. Es ist ein hartes Lebenstraining, das ihr aber später sehr nützlich sein wird.

Der Vater heiratet nach zehn Jahren wieder, eine Frau, die fünf Jahre jünger ist als Elisabeth. Erlebt die Tochter es als Kränkung und geht vielleicht auch deshalb weit weg? Wie junge Leute heute zieht es sie in die große Stadt Berlin. Aber nicht das wilde Leben lockt sie. Sie muss für ihren Lebensunterhalt sorgen und hat fürs Vergnügen wenig Zeit. Außerdem ist sie für das „wilde Leben“ zu streng protestantisch erzogen. Vielleicht atmet sie einfach gern die freie Luft der großen Stadt und will sich eigenständig beruflich orientieren. „Irgendwas mit Menschen“ mag sie damals antworten, wenn sie nach ihren Plänen gefragt wird.

Aber die Zeiten nach dem Ersten Weltkrieg sind hart. Elisabeth macht eine Kurzausbildung in einer Frauenfachschule. Sie sammelt Erfahrungen als Erzieherin in einem Landerziehungsheim in Süddeutschland und schon bald denkt sie ganz groß: Warum soll sie nicht ein Schloss pachten und darin ihren Traum verwirklichen – eine Schule zu gründen? Sie gründet den Verein „Evangelisches Landerziehungsheim Schloss Wieblingen e. V.". Vor ihrem inneren Auge sieht sie ein modernes evangelisches Mädcheninternat. Ostern 1927 beginnt der Unterricht mit dreizehn Schülerinnen.

Gegenüber den Gefahren des Nationalsozialismus ist sie in den Anfängen blind, erwägt sogar kurz den Eintritt in die NSDAP. Aber für sie gibt es eine rote Linie: keine Kompromisse bei der „Judenfrage". Wieder zeigt sie Mut, ignoriert Erlasse von „ganz oben". Gegen bestehende Gesetze nimmt sie jüdische Mädchen in ihre Schule auf. Sie hält Kontakt zu ihren jüdischen Freunden. Ein Hitlerbild kommt ihr nicht in die Schule! Außerdem werden laut und vernehmlich jüdische Texte gelesen – die Psalmen. Eine übereifrige Schülerin denunziert sie jedoch. 1941 wird die Schule verstaatlicht und Elisabeth von Thadden als Schulleiterin suspendiert.

Als Rot-Kreuz-Helferin in Berlin organisiert sie heimlich Lebensmittelkarten für Untergetauchte und verhilft Menschen zur Flucht. Gutgläubig diskutiert sie mit Freunden beim Tee über die Zukunft Deutschlands nach einem verlorenen Krieg. Doch ein Spitzel ist in der Runde. Elisabeth wird verhaftet, es folgen Tag und Nacht Verhöre, in denen sie aber niemanden verrät. Dann Gefangenschaft im Frauen-KZ Ravensbrück.

Am 1. Juli 1944 wird Elisabeth von Thadden wegen „Landesverrats“ vom Vorsitzenden des Volksgerichtshofs Roland Freisler zum Tode verurteilt. Kurz vor ihrer Hinrichtung diktiert sie dem Gefängnispfarrer: „Dass dieser Augenblick kommen musste, war klar. Wir wollten barmherzige Samariter sein.“ Mitgefangene berichteten hinterher, sie habe ihre Zeit der Gefangenschaft „in tiefem Glauben und mit großer innerer Freiheit“ ertragen.

„Ihre“ Schule existiert noch heute als freies christliches Gymnasium. Das Leitbild erinnert an ihre Gründerin: „Nach dem Vorbild unserer Schulgründerin Elisabeth von Thadden erziehen wir unsere Schülerinnen und Schüler zu Toleranz, Zivilcourage und verantwortungsbewusstem Leben.“ (CF)

Elisabeth von Thadden,

geboren 1890 in Mohrungen/Ostpreußen, hingerichtet 1944 in Berlin. Erzieherin, Schulgründerin.

Einige meinen,
es gibt keine *Wunder* mehr.
Haben sie nicht
nur beschlossen,
keine mehr anzuerkennen?

Unbekannte Verfasserin

Pranitha Timothy

Berufen, mutig zu sein

Pranitha muss in ihrem jungen Leben einige Hürden nehmen. Die erste baut sie selbst: Durch rebellisches Verhalten provoziert sie den Verweis vom indischen College. Die Tochter christlicher Missionare bekommt eine zweite Chance, die sie auch unbedingt braucht, denn sie möchte ihr Studium abschließen, einmal Karriere machen und viel Geld verdienen.

Zurück am College erlebt sie eine irritierende Wandlung. Eine innere Leere breitet sich aus: „Wozu mache ich das alles? Was ist der Sinn meines Lebens? Wozu bin ich auf dieser Welt?" Pranitha erlebt Befreiung von ihrer Selbstbezogenheit. Sie spricht von ihrer persönlichen Berufung durch Gott. „Du sollst Gefangene befreien" – das vernimmt sie als Gottes Auftrag.

Als junge Sozialarbeiterin erlebt sie eine zweite große Hürde: Sie erkrankt an einem Gehirntumor. Die Ärzte prognostizieren eine nur 20-prozentige Heilungschance. Alle um sie herum staunen über ihren großen inneren Frieden. Sie ist voller Hoffnung, hat keine Todesangst. Denn sie ist gewiss: „Unser Leben hier auf der Erde ist nur eine Momentaufnahme. Ich bin geborgen in Gottes Hand."

Durch die Operation verliert sie für zwei Jahre ihre Stimme. Noch heute leidet sie an den Folgen ihrer Erkrankung. Doch sie lebt ihre Berufung. Erhebt ihre äußerlich schwache Stimme. Mit großer innerer Kraft tut sie das, was sie als Auftrag Gottes für ihr Leben vernommen hat: Viele Jahre kämpft sie mit „International Justice Mission" (IJM), einer Organisation, die sich in dreizehn Ländern gegen Menschenhandel, Zwangsprostitution und moderne Sklaverei einsetzt.

Viele Tausend Menschen konnte Pranitha mit ihrem Team von IJM in den vergangenen Jahren aus der Sklaverei befreien. Die Organisation arbeitet in vier Schritten: Nach oftmals monatelangen verdeckten Ermittlungen in enger Zusammenarbeit mit der Polizei vor Ort werden die Opfer befreit und die Täter überführt und oft direkt vor Ort verhaftet. Das ist eine abschreckende Maßnahme. Die häufig traumatisierten Opfer werden begleitet. Der vierte Schritt: IJM stärkt die Rechtssysteme. So schulen sie beispielsweise die Polizisten vor Ort.

Wie geraten Menschen in die Sklaverei? Manchmal ist es eine Arztrechnung von umgerechnet 10 oder 20 Euro, die ein verarmter Mensch bei einem privaten Kreditgeber aufnimmt. Nun muss er seine Arbeitskraft zur Verfügung stellen, um die Schuld zu begleichen. Der Schuldbetrag steigt durch Wucherzinsen immer weiter an, der Lohn wird nicht ausgezahlt, bald reicht die eigene Arbeitskraft nicht mehr aus und die gesamte Familie muss mitarbeiten. Oft sind die Kinder erst vier oder fünf Jahre alt. So werden Familien häufig über Generationen in Schuldknechtschaft gefangen gehalten.

Schuldsklaven arbeiten in Steinbrüchen, Reismühlen, Ziegelbrennereien, Fischereien oder Bekleidungsfabriken.

Manchmal sechzehn Stunden täglich. Weltweit leben mehr Menschen in Sklaverei als je zuvor in der Geschichte.

Pranitha begleitet Menschen bei ihrer Befreiung. Sie sagt: „Ich kann nicht beschreiben, in welchem Ausmaß sie verletzt wurden. Sie wieder aufzurichten benötigt ein Wunder. Und wir haben viele Wunder gesehen, wo Menschen ihre Freiheit angenommen haben.“ (CF)

PRANITHA TIMOTHY,
geb. 1975, Sozialarbeiterin in Indien.
Viele Jahre Mitarbeiterin von
„International Justice Mission“.

Freiheit

IST EIN BEGRIFF, DER VON ALLEN
IN ANSPRUCH GENOMMEN
UND LEIDER VON ZU WENIGEN
AUCH VERANTWORTET WIRD.

HILDEGARD HAMM-BRÜCHER

Hildegard Hamm-Brücher

Klartext reden

„Geben Sie mir mal die Kaffeekanne. Sie kleckern sonst alles voll." Mit diesen Worten nimmt Hildegard Hamm-Brücher dem verblüfften Journalisten als fast Neunzigjährige die Kanne aus der Hand.

Sie ist zeitlebens eine Frau der klaren Ansagen. Klartext reden, Gesicht zeigen, Konsequenzen ziehen – das ist ihr Lebenskonzept, nicht zuletzt, als sie nach über 56-jähriger Parteimitgliedschaft aus „ihrer" FDP austritt. Das fühlt sich an wie eine Scheidung nach der goldenen Hochzeit. Letzter Anstoß zu diesem Schritt ist ein hochrangiger FDP-Politiker, der deutlich antiisraelische Äußerungen von sich gibt. Das macht das Maß voll: Wenn die Partei keine Konsequenzen zieht, gehe ich. Basta!

Zart besaitet ist Hildegard nicht. Gut so, denn zimperlich darf man im politischen Alltagsgeschäft auch nicht sein. Wenn der Minister im Bundestag sie mal als „Krampfhenne" und ein anderer Kollege als „Bissgurke" betitelt, heißt es: Durchhalten! Zu der Zeit, als sie sich dem politischen Geschäft verschreibt, werden Frauen dort noch als Eindringlinge angesehen.

Und dann ist sie noch so eine, die sich das Thema Gleichberechtigung auf die Fahne geschrieben hat. Da weht einem der Gegenwind des politischen Männerklubs garantiert scharf ins Gesicht. Damals, in den Fünfzigerjahren, als Frauen doch lieber daheim für die weißen Tischdecken sorgen sollen.

Aber wie erwähnt: Hildegard ist nicht zimperlich. Schon in jungen Jahren hat sie das Kämpfen und Überleben gelernt. Innerhalb eines Jahres sterben Vater und Mutter. Hildegard ist gerade einmal elf Jahre alt. Die fünf Brücher-Kinder ziehen von Berlin nach Dresden zur Großmutter.

Nicht nur der Verlust der Eltern nimmt der Kindheit die Unbeschwertheit. 1943 begeht die Großmutter mit Schlaftabletten Selbstmord, um der Deportation in das KZ Theresienstadt zuvorzukommen. Damals habe sie sich geschworen, schreibt Hildegard Hamm-Brücher später, gegen das Unrecht zu kämpfen, falls sie die Nazizeit überlebt.

Und das tut sie – auch dank prominenter Beschützer: Der Nobelpreisträger in Chemie, Heinrich Wieland, verhilft Hildegard zu einem Chemie-Studienplatz. An der Münchner Universität bekommt sie Kontakt zur „Weißen Rose", einer studentischen Widerstandsgruppe, zu der auch die Geschwister Sophie und Hans Scholl gehören.

Nach dem Krieg entscheidet sie sich für die Politik als Beruf. Sie heiratet den Politiker Erwin Hamm. Sie hat die Unfreiheit, drohende Verfolgung und Angst durch ein politisches Regime so hautnah erlebt, dass ein „Nie wieder!" sie ein Leben lang antreibt. Leidenschaftlich kämpft sie für die demokratisch verankerten bürgerlichen Freiheiten. Fremdenfeindlichkeit, aufkeimender Nationalsozialismus,

Rassismus – Hildegards Sinne und Verstand bleiben bis ins hohe Alter für diese Gefahren geschärft.

Anlass zur Sorge hat sie dafür in den letzten Jahren ihres Lebens wieder genug. Doch mit ihrem Glauben kann sie etwas Hoffnungsvolles dagegensetzen: Nach dem Ausscheiden aus der aktiven Politik engagiert sie sich in der evangelischen Kirche. (CF)

Hildegard Hamm-Brücher,

1921–2016, Chemikerin, Politikerin

Ich werde nicht sterben,
ich werde nach Hause kommen
wie ein Shootingstar.

Sojourner Truth

Sojourner Truth

Unterwegs für die Wahrheit

Als Isabella Bomefree ihre Taufe feiert, ist sie über vierzig Jahre alt. Gott sei Dank – sie ist eine freie Frau! Sie darf selbst Entscheidungen treffen. So gibt sie sich mit der Taufe auch einen neuen Namen: Sojourner Truth. Das bedeutet „Unterwegs für die Wahrheit". Wie viele Schmerzen und Erniedrigung, wie viel Verlust hat sie bis zu diesem Tag erlitten, weil Menschen die Wahrheit mit Füßen getreten haben und lieber eine bequeme Lüge glauben, als gegen Unrecht aufzustehen!

Sie sagen, es gebe Menschen, die haben das Recht, über andere Menschen zu herrschen, weil sie eine hellere Hautfarbe haben. Es gebe „gute" und „minderwertige" Rassen. Oben und unten sei gottgewollt. Ein Freibrief zum Herrschen, Unterdrücken, Ausbeuten.

In diese Lüge wird Isabella als ein Kind von Sklaven hineingeboren. Als elfjähriges Sklavenkind wird sie verkauft. Und wieder verkauft und noch mal und noch mal. In den Augen der Herren ist sie ja nichts anderes als ein Gegenstand. Zwangsverheiratet mit einem viel älteren Mann bringt sie fünf Kinder zur Welt. Vier ihrer Kinder werden wie Vieh verkauft. Gewogen, gemessen, begrapscht, in den Mund geschaut. Wer bietet mehr?

In New York ist die Sklaverei offiziell abgeschafft. Als ihrem fünften Kind dasselbe Schicksal wie seinen vier Geschwistern droht, flieht Isabella. Endlich ist sie frei – aber mittellos.

Ihren Lebensunterhalt verdient sie sich mit Putzen, gern in Kirchen. Dort hört sie gute Nachrichten: Gott hat sein Volk aus der Sklaverei befreit. Halleluja! Er will keine Ungleichheit zwischen den Menschen, so wie es die Weißen immer behaupten! Diese gute Nachricht muss doch unters Volk gebracht werden, beschließt Sojourner Truth. Ihr neuer Name ist schon einmal ein guter Anfang: Unterwegs für die Wahrheit.

Sie ist ergriffen von dieser Wahrheit: Jeder Mensch ist Gottes Geschöpf, geschaffen nach seinem Ebenbild. Es gibt keine Herrenrasse, es gibt kein Oben und Unten, auch nicht zwischen Mann und Frau. Deshalb ist sie genauso kämpferisch bei einer anderen Ungleichheitslüge, die behauptet: Männer sind mehr wert als Frauen. Sagen die Männer.

Ist es denn zu fassen? Eben noch hat sie gemeinsam mit den Männern ihrer Hautfarbe gegen Rassismus und Sklaverei gekämpft – und nun beschränken genau diese Männer die Frauen mit denselben Argumenten wie die Sklavenherren: Gott will die Ungleichheit.

Der Heilige Geist selbst muss diese Frau beflügelt haben, als sie sich auf den Weg macht, diese Lügen aus der Welt zu räumen. Sie, die nicht lesen und nicht schreiben kann. Eine Analphabetin, die einmal zu den hundert bedeutendsten Persönlichkeiten der US-amerikanischen Geschichte zählen wird. (In Europa bleibt sie leider weithin unbekannt.)

Unterwegs für die Wahrheit: Sojourner reist durch die USA, wird eine viel beachtete Rednerin. Sie füllt Kirchen und öffentliche Plätze und erzählt immer wieder ihre Geschichte. „Öffnet euer Denken, reißt Grenzen eures Denkens nieder." Es ist nur folgerichtig, dass Sojourner nicht nur für die Abschaffung der Sklaverei und gegen alle Formen des Rassismus kämpft, sondern ebenso für die Rechte der Frau. (CF)

Sojourner Truth,

1797–1883, entlaufene Sklavin, Evangelistin,
Aktivistin gegen Sklaverei, Rassentrennung und
für die Gleichberechtigung der Frau

MIT DEN AUGEN DER LIEBE

Durch *meine Geschichte* und die *geheilten Wunden* kann Gott so viel *durch mich geben.*

Florida Zimmermann

Florida Zimmermann

Zuhause ist, wo man geliebt ist

Nun würde alles gut werden, dachte Florida, als sie mit zehn Jahren ein Flugzeug bestieg, das sie vom Libanon in die Schweiz bringen sollte. Die Pflegefamilie, die sie dort erwartete, kannte das Mädchen bereits aus der Zeit, als sie als Flüchtlingskind in Deutschland gelebt hatte. Damals wütete im Libanon der Bürgerkrieg und Florida war mit ihrer Mutter den Raketen und Straßenkämpfen entkommen.

Doch die Lage in ihrer Heimat beruhigte sich und Mutter und Tochter wurden wieder abgeschoben. Dann flammte der Libanonkrieg erneut auf. Durch einen Bekannten rutschte das orientierungslose Mädchen in die islamische Miliz hinein. Bald begann Florida sich zu radikalisieren. Doch immer war da diese Angst und dunkle Schatten verfolgten sie. Verzweiflung und Todessehnsucht machten sich breit.

Die junge Muslima war drauf und dran, sich für ein Selbstmordattentat ausbilden zu lassen, als ihre Mutter einfädelte, dass Florida erneut nach Europa ausreisen konnte. Nun würde sie zu den Schweizern kommen, die damals bei der Bergmannsmission in Deutschland gearbeitet hatten und bei denen Florida bereits zeitweise als Pflegekind gelebt hatte. Es würde das Paradies sein!

Doch das anfängliche Glück währte nicht lange. Das Gefühl des Fremdseins und der Orientierungslosigkeit, Angst und Schatten, die Florida weiter verfolgten, und die große Sehnsucht nach einer inneren Heimat bestimmten bald wieder ihr Leben.

Hoffnung keimte auf, als sie durch ihre Pflegefamilie den Gott der Bibel neu kennenlernte und sich für ein Leben mit ihm entschied. Damit war ein Grundstein gelegt, doch ein langer Weg der Heilung und des Freiwerdens lag noch vor ihr. Gezeichnet von Krankheiten, Selbstablehnung und okkulten Belastungen kämpfte sich die nach außen lebensfrohe Florida durch die Tage.

Schließlich wurde ihre Todessehnsucht wieder stärker und ein Suizid schien ihr der einzige Ausweg. Sie überlebte verzweifelt. Doch Gott bewies ihr seine Liebe auf besondere Weise: Auf ihr Bitten hin ließ er drei Mal dasselbe Liebeslied im Radio spielen. Florida fasste Mut und wagte neu zu leben. Sie begann zu tanzen, stellte eine Dancecrew auf die Beine, mit der sie bald durch die Schweiz tourte und von Gott erzählte. Doch die Liebe, von der sie sprach, blieb ihr selbst oft wie durch eine Milchglasscheibe verborgen.

Dann kam die Hochzeit mit dem Traummann, aber die Ehe scheiterte. Ein Burn-out und die absolute Kapitulation – vor Gott und Menschen – entpuppten sich als entscheidender Schritt in die Freiheit. Florida erlebte nun, dass Jesus sie nie verlassen würde. Und ging weiter beharrlich den Weg, alles auf ihn zu setzen und ihm zu vertrauen: mit ihrer Vergangenheit, ihrer schwierigen derzeitigen Lage wie auch für die Zukunft.

Der Traum, den Florida schon seit ihrer Jugend träumte, wurde wieder lebendig: ein offenes Haus zu haben. Gemeinsam mit ihrem späteren Mann, Christian, setzte sie ihn in die Tat um: Jugendliche kamen zu ihnen, die selbst Zerbruch erfahren hatten und verbindliche Gemeinschaft und Stabilität brauchten. Mit all ihren schweren Erfahrungen kann Florida heute einfühlsam und kompetent auf die Traumata und Verletzungen ihrer Schützlinge eingehen. Und weiß mit absoluter Sicherheit: Es gibt keine hoffnungslosen Fälle. (AS)

FLORIDA ZIMMERMANN,
geb. 1975 im Libanon,
Leiterin des *Offnigs Huus* in der Schweiz

Das Leben ist ein Wunder.

Es kommt über mich, dass ich oftmals die Augen schließen muss.

Paula Modersohn-Becker

Donata Wenders

Genauer betrachtet

Donata Wenders beherrscht eine Kunst besonders gut: Sie sieht die Menschen, wie sie sich oft selbst nicht sehen – als liebenswerte Personen. Sie tut dies durch den Sucher ihrer Kamera, mit dem Finger am Auslöser und dem Blick des Herzens. Klingt es vermessen zu sagen: Donata sieht die Menschen mit den Augen Gottes, eben als geliebte Geschöpfe?

Mit vierzehn Jahren hat sie ein Schlüsselerlebnis. Ihre Mutter schenkt ihr einen Fotografiekurs. Während dieses Kurses hält sie ein Bild von sich selbst in der Hand und sieht sich plötzlich ganz anders, als sie sich bisher wahrgenommen hat: „Ich habe zum ersten Mal gemerkt, dass ich etwas ausstrahle. Davor habe ich sehr viel Schlechtes über mich gedacht."

Dieses Schlüsselereignis prägt auch ihre Haltung, mit der sie als Fotokünstlerin Menschen begegnet, sich ihnen öffnet. Sie will genau hinschauen, genau hinhören. Weil dies so schnell in den zwischenmenschlichen Begegnungen übersprungen wird. Weil man ja zu wissen meint, was der andere denkt, sagt, fühlt. Festschreibungen, die Feindschaften entstehen lassen. Donata Wenders geht den respektvollen, den offenen Weg. Du bist wer! Das muss doch festgehalten werden. Sie staunt oft selbst über die Fotos, die dann entstehen.

„Wie soll ich dich empfangen und wie begegn ich dir?“ – Diese Liedzeile von Paul Gerhardt liebt Donata Wenders und lebt sie in Hinwendung zu Gott und Menschen. In dieser Haltung fängt sie Momente in einer Fotografie ein, die zu kleinen Ewigkeiten werden.

Donata Wenders wagt große Worte: „Alles, was wir liebevoll tun, bleibt und hat Ewigkeitswert.“ Einen Vorgeschmack vom Himmel halten ihre Fotografien fest, von der Ewigkeit Gottes, in der die Liebe bleibt. „Kleine Ewigkeiten“ heißt deshalb eine ihrer Ausstellungen.

Donata Wenders ist eine herausragende Fotokünstlerin. Vielleicht weil sie selbst ihre Fotografien als Geschenke sieht? Irgendwann entdeckte Donata Wenders einen roten Faden in ihren Bildern: die Sehnsucht, bei Gott Antwort, Liebe und Frieden zu finden. Deshalb erzählen ihre Bilder so viele Geschichten vom Leben.

„Mitten in der Welt geht auch mein fotografischer Weg weiter, also mitten in der Welt Momente finden, wo ich doch nicht ohne Gott bin. Es geht darum, Gott in alles mit hineinzunehmen, und darum, wie ich eigentlich Gott höre und sehe. Wie ich ihn im Alltag finde und mich von ihm führen lasse.“ (CF)

DONATA WENDERS,

geb. 1965, studierte Kamera, Film und Theater in Berlin und Stuttgart. Zahlreiche Ausstellungen. Sie lebt mit ihrem Mann, dem Filmemacher Wim Wenders, in Berlin.

Ich habe dich
je und je geliebt,
darum habe ich dich
zu mir gezogen
aus lauter Güte.

Jeremia 31,3

Jennifer Strickland

Der perfekte Wahnsinn

Werbeschönheiten begleiten uns Frauen unser Leben lang. Sie zieren die Titelseiten von Frauenmagazinen. Auf deren Innenseiten zeigen sie die neuesten Modetrends. Auf großflächigen Plakatwänden präsentieren sie Dessous, Bademoden, Wollpullis. Scheinbar perfekte Körper setzen Maßstäbe. Frau schaut hin und am liebsten schnell wieder weg – denn wer kann da schon mithalten!? Die Castingshow „Germany's Next Topmodel" prägt für viele Mädchen das Bild eines perfekten Körpers. Vor ihren Augen lassen sich Kandidatinnen demütigen, für eine Chance auf eine eigene Modelkarriere. Ein klischeehaftes Frauenbild wird da verbreitet, Mädchen werden zur „Ware" erklärt.

Jennifer Strickland lebt den Traum, dem diese Mädchen anhängen. Am Ende wird es ihr Albtraum, dem Jennifer nur mit viel Not in eine neue, freie Wirklichkeit entfliehen kann. Sie hatte es geschafft, hatte den Sprung in die Welt der begehrten Models genommen. Sie beherrscht den Catwalk auf den Laufstegen. Als Fotomodel ist sie bei den ganz Großen gebucht: Giorgio Armani, Calvin Klein, Mercedes-Benz, Oil of Olaz sind ihre Auftraggeber und lassen hohe Tagesgagen fließen. Ihr scheinbar makelloses Gesicht wird auf den Titelseiten großer Modemagazine gedruckt, die stolzen Eltern schmücken mit diesen Bildern ihr Wohnzimmer.

Heute ist Jennifer verheiratet und Mutter von drei Kindern. Sie hat eine große Leidenschaft: Sie will Mädchen und Frauen warnen, falschen Idealen hinterherzulaufen, Masken zu tragen, um eine Frau zu sein, die sie nicht sind. Dem allseits herrschenden Perfektionismuswahn sagt sie den Kampf an. Dafür erlaubt sie den Blick in ihre eigenen Abgründe. Sie bekennt, wie sie am Ende ihrer Modelkarriere von Magersucht, Drogen- und Alkoholmissbrauch, von Selbstmordgedanken gequält wurde. Wie sie der extreme Konkurrenzdruck verzehrte. Der ständige Kampf um den perfekten Körper und den nächsten Auftrag kostete sie fast das Leben.

Warum hatte sie diesen Weg beschritten? Es hatte sie niemand gezwungen. „Wir tun oft Dinge, die uns schaden, weil wir jemand anders sein wollen, als wir sind", ist Jennifer Stricklands Botschaft an die jungen Frauen. Sie ließ sich demütigen: „Manchmal bist du hinreißend und dann wieder potthässlich – ein Mittelding gibt es nicht", sagte ein Fotograf beim Shooting. Andere Fotografen wurden sexuell übergriffig. Ständig plagte Jennifer die Angst, die Grenze zur Prostitution zu überschreiten, weil auch sie ihren Körper, ihre Schönheit für Geld verkaufte. Damit solche Demütigungen irgendwie erträglich wurden, erleichterte sie ihre Seele mit Drogen.

„Gut ist nicht gut genug" ist für viele Menschen ein innerer Antreiber. Daraus wird eine Jagd: nach dem perfekten Körper, nach guten Noten, der harmonischen Familie, Sport, danach, den Eltern zu gefallen. Heute spricht Jennifer davon zu Frauen. Und von der entdeckten neuen Freiheit, die nur Gott schenken kann: „Als ich nur noch Haut und Knochen war, Drogen nahm, mit dem Gedanken an Selbstmord spielte, verwirrt und von Einsamkeit geplagt war, da entdeckte ich eine vollkommene Liebe, die die Leere in meinem Herzen ausfüllte. Es war die Entdeckung meines Lebens: eine Liebe, die alle Unvollkommenheiten überspülte. Diese Liebe gab mir meine kindliche Unbekümmertheit zurück. Endlich war es mir egal, was die Leute dachten. Ich war frei und ungebunden. Die Ketten, die meine Seele gebunden hatten, wurden eine nach der anderen gelöst. Die Liebe setzte mich frei" (Strickland, Bekenntnisse eines Topmodels, S. 21). (CF)

JENNIFER STRICKLAND,
internationales Topmodel, Buchautorin und Referentin

Beten ist Verweilen bei einem Freund.

Teresa von Ávila

Teresa von Ávila

Die Unbeschuhte

Teresa schreibt ihre Biografie, damals sehr ungewöhnlich! Die kirchlichen Aufpasser sehen es überhaupt nicht gern, wenn Frauen erstens selbstständig denken (können die das überhaupt?) und sich frei äußern und zweitens auch noch in ihrer Muttersprache, sodass sie von einfachen Menschen verstanden werden. Aber Teresa schreibt ihre Biografie, weil sie verstanden werden will. Weil sie weiß, dass sie etwas Wichtiges zu sagen hat. „Der Mensch ist von innen her bewegt, von einer Sehnsucht nach etwas, was uns fehlt." Teresa ahnt früh, dass Glaube mehr ist als Tradition und Rituale.

Nach dem Tod der Mutter geht sie ins Kloster, nicht aus Überzeugung, sondern weil für sie eine Heirat das größere Übel wäre. Doch das Leben hinter den Klostermauern berührt sie nicht. In ihrer Biografie schreibt sie von ihrem „kalten Herzen". Sie ist innerlich so zerrissen, dass sie schwer erkrankt. Ohnmachtsanfälle häufen sich, einmal ist sie sogar drei Tage scheintot.

Bis heute gibt Teresa den Medizinern Rätsel auf. Sind ihre körperlichen Erfahrungen ein Spiegelbild besonderer innerer Erfahrungen? „Wirklich zur Ruhe kam ich, wenn ich las."

Die Bibel darf sie als Frau nicht lesen, aber mit geistlichen Schriften macht sie die großartige Erfahrung, dass Kraft und Ruhe ausströmt, wenn es einem Menschen gelingt, „bei der Sache zu bleiben".

In solchen Momenten bekommt sie die Gewissheit, von der Liebe Gottes umgeben zu sein. Sie erfährt einen lockenden, werbenden Gott. Keinen Gott, der straft. Einen Gott, der es sogar zulässt, dass sich seine Kinder von ihm abwenden. „Denn meiner Meinung nach ist inneres Beten nichts anderes als ein Verweilen bei einem Freund, mit dem wir oft allein zusammenkommen, einfach um bei ihm zu sein, weil wir sicher wissen, dass er uns liebt."

Oft fühlt sie sich zerrissen. Beklagt, wie leicht sie sich hinreißen lässt, anderen zu gefallen, geschwätzig zu sein, sich in Äußerlichkeiten zu verlieren. Die Entdeckung der Demut hilft ihr. In dieser Fähigkeit sieht sie nicht den „Krötengang", sondern das „aufrichtige Anerkennen dessen, was wir sind". Je mehr ein Mensch erfährt, wie sehr er Gottes geliebter Mensch ist, umso schärfer erkennt er die eigenen Mängel und Schwächen. „Lehre mich die wunderbare Weisheit, dass ich mich irren kann." Demütig erträgt Teresa so auch die Zeiten, in denen Gott als Freund in unendliche Fernen verschwunden scheint.

Teresa sucht für sich und ihre Mitschwestern nach neuen Wegen klösterlichen Lebens. Das ist gefährlich in Zeiten der Inquisition. Mut kann zum Scheiterhaufen führen. Doch Teresa will ihre intensiven mystischen Erfahrungen und Visionen nicht für sich behalten. Gott schenkt ihr Bestätigung: Ihre Angst verschwindet. Sie bleibt standhaft.

Mit 47 Jahren bricht sie mit einigen Schwestern zu neuen

Ufern auf. Sie gründen ein eigenes Kloster. Es soll ein Ort sein, wo Gott als Freund erlebt werden kann. Die Schwestern kleiden sich in großer Einfachheit, an den Füßen tragen sie einfache Hanfsandalen. Fortan nennen sie sich die „Unbeschuhten Karmeliterinnen“. Nicht Buße und Askese, wie in anderen strengen Klöstern, nicht Druck oder Zwang soll das gemeinsame Leben bestimmen, sondern fröhliches Vertrauen. Dieses Konzept ist so attraktiv, dass in ganz Spanien weitere Klöster – auch für Männer – entstehen. (CF)

Teresa von Ávila,

1515–1582, Mystikerin, Gründerin des Ordens der „Unbeschuhten Karmeliterinnen“. 1970 vom Vatikan als erste Frau zum „Doctor Ecclesiae“ (Kirchenlehrer) ernannt.

Leben – das ist:

Musik, Farbe,
Liebe, Freude
und geliebte Menschen.

Unbekannte Verfasserin

Mahalia Jackson

Etwas vom Hass und der Furcht beseitigen

Ihr Vater schleppt am Tage im Hafen von New Orleans Fässer und Kisten, schneidet abends Haare und steht am Sonntag als Laienprediger auf der Kanzel seiner Gemeinde.

Hart arbeiten und trotzdem voller Freude Gott loben, das lernt die kleine Mahalia, eines der sechs Kinder, schon früh von ihren Eltern. Sie ist erst fünf Jahre alt, als ihre Mutter stirbt. Fortan steht sie unter dem strengen Regiment ihrer Tante. Zu tun gibt es immer etwas in Haus und Garten. Oder Kohlen zu sammeln an den Bahngleisen. Zwischendurch darf sie ein paar Stunden zur Schule gehen. Ihre streng religiöse Tante will die heranwachsende Mahalia vor Müßiggang und schlechten Einflüssen bewahren. Eine große Herausforderung in der pulsierenden Stadt New Orleans.

Die Stadt ist erfüllt von Musik. Musikkapellen ziehen durch die Straßen, Bluessänger beschreiben in ihren Liedern schonungslos die Unterdrückung der Schwarzen und Jazzkünstler treten vor allem in den Vergnügungsvierteln auf. Mahalia erlebt Musik an zwei Orten. In ihrer Kirche – mitreißende

Songs, stampfende Füße, lautes Klatschen. Und zu Hause am Grammophon. Dort hört sie immer und immer wieder die zerkratzten Platten der berühmten Bluessängerin Bessie Smith. Das Grammophon wird ihr Lehrmeister. Eine musikalische Ausbildung, wie es ihr sehnlicher Wunsch ist, erhält sie nie.

Als 16-Jährige wagt sie den großen Sprung aus den Südstaaten nach Chicago. Sie arbeitet als Wäscherin, Zimmermädchen, Packerin in einer Dattelfabrik und wird, kaum dass sie in einer Gemeinde Fuß gefasst hat, „entdeckt". Mit ihr wird das erste Chicagoer Gospelquintett gegründet, die „Johnson Gospel Singers". Gemeinsam mit dem genialen Kirchenmusiker Thomas A. Dorsay entwickelt und verbreitet sie den besonderen Stil der Gospelsongs. Es gibt auch harsche Kritik aus den vornehmeren schwarzen Gemeinden. Mahalia hält ihren Kritikern entgegen:

„Wie kann man inbrünstig von Himmel und Erde und all den Wundern Gottes singen, ohne die Hände zu gebrauchen? Ich will mit meinen Händen, meinen Füßen, meinem ganzen Körper all das ausdrücken, was in mir ist." Deshalb fühlt sich Mahalia Jackson zeitlebens in den kleinen Ladenkirchen zu Hause. „Diese kleinen Kirchen sind meine Tankstelle. Würde ich sie nicht aufsuchen, sooft ich kann, würde ich bald leerlaufen."

Mahalia Jackson könnte in den großen Theatern viel Geld verdienen. Wäre da nicht ihr Gelübde: ihre Karriere als Blues- und Jazzsängerin auf den großen Showbühnen des Landes für das Leben ihres Großvaters. Als dieser im Krankenhaus nach einem Schlaganfall um sein Leben ringt, verspricht sie Gott, nie ins Showgeschäft des Jazz- und Bluesgesangs einzusteigen, sondern dem Gospelgesang treu zu bleiben.

Es ist natürlich nicht dieses Gelübde allein, was Mahalia Jackson an die Gospelmusik bindet, sondern ihre tiefe innere Überzeugung: „Vom Gospel erhältst du Trost, aber der Blues macht dich schwermütig und traurig." Diese Entscheidung steht ihrer wachsenden Popularität nicht im Weg. Europatourneen, Fernsehauftritte, Empfänge bei Präsidenten und dem Papst zeugen von ihrer Berühmtheit. Mit Martin Luther King verbindet sie eine enge Freundschaft. „Ich hoffe immer, dass mein Singen hilft, etwas zu beseitigen von dem Hass und der Furcht, die die weißen und schwarzen Menschen in diesem Land trennen." Diese Hoffnung hat sich erfüllt.(CF)

MAHALIA JACKSON,

1911–1972, weltberühmte Gospelsängerin

Oft können wir
die Dinge nicht ändern –
aber wir können
den Blick auf die Dinge
und so unsere Haltung verändern.
Das ist schon viel.

Katharina Saalfrank

Katharina Saalfrank

Den ganzen Menschen sehen

Im Jahr 2007 wird ihr der Deutsche Fernsehpreis in der Kategorie „Bester TV Coach“ verliehen, zwei Jahre zuvor der „Preis der beleidigten Zuschauer“ – Katharina Saalfrank mit ihrer Reality-TV-Show „Die Super Nanny“. Durch sie wird Erziehung zum Thema der Nation. Woche für Woche schaut ein Millionenpublikum der „bekanntesten Pädagogin Deutschlands“ zur Primetime zu, wie sie überforderte Eltern in Sachen Erziehung coacht.

Die Show polarisiert sofort. Familien würden zum Objekt voyeuristischer Publikumsinteressen gemacht, Kinder dadurch in ihrer Würde verletzt, kritisiert die eine Seite; Zuschauer erhielten Orientierung und Rat in Erziehungsfragen und bekämen hilfreiche Handlungsalternativen aufgezeigt, lobt die andere.

Saalfrank selbst ist überzeugt, dass so wichtige Themen wie häusliche Gewalt an Kindern durch kaum ein anderes Medium besser in die Gesellschaft getragen werden können als durch das Fernsehen. Die Rolle der „Super Nanny“ entwickelt sie konsequent weiter, nimmt – entsprechend ihrem Herzensanliegen – das Verhalten der Kinder ganzheitlicher in den Blick, sensibilisiert die Eltern dafür, „Auffälligkeiten" ihrer Kinder zu entschlüsseln, anstatt nur die Symptome zu bändigen.

Nach sieben Jahren, als das Format immer mehr zu einer inszenierten Doku wird und RTL zunehmend in ihre pädagogische Arbeit eingreift, zieht Katharina Saalfrank 2011 den Schlussstrich. Doch die Erziehungsexpertin bleibt trotz der abgesetzten Show präsent: mit verschiedenen weiteren TV-Formaten (die jedoch bald wieder eingestellt werden), einer Ratgeber-Rubrik im Magazin „Der Spiegel", deutschlandweiten Vorträgen vor Fachpublikum, auf YouTube, in ihrer eigenen Berliner Beratungspraxis als Familiencoach und als Buchautorin.

Die Titel ihrer erfolgreichen Erziehungsratgeber sprechen für sich und zeugen von Saalfranks bedürfnisorientiertem Blick auf Kinder: „Du bist ok, so wie du bist", „Was unsere Kinder brauchen" und „Kindheit ohne Strafen". 2018 startet sie mit dem Podcast-Experten Matze Hielscher den „Familienrat", der gleich in der ersten Woche auf Platz 1 der deutschen Podcast-Charts katapultiert wird.

Katharina Saalfrank strahlt trotz ihrer Berühmtheit und Kompetenz Sympathie und Vertrauen aus. Dass sie selbst vier Söhne geboren und großgezogen hat – bereits mit 21 schwanger war, als sie gerade das Abitur am Abendgymnasium nachholte und noch ihr Studium vor sich hatte –, macht sie glaubwürdig und nahbar. Sie kennt die Überforderung der Eltern, die neue Erziehungswege einschlagen wollen. In ihren Büchern und Podcasts begegnet sie gestressten Müttern und Vätern auf Augenhöhe, voller Wertschätzung. Als Gegenüber, das wertfrei fragt und das Warum beleuchtet.

So erlebt und lebt die Pfarrerstochter aus Hessen auch ihre Beziehung zu Gott – als ein inniges Zwiegespräch darüber, was gut und was weniger gut gelaufen ist. Dieser liebende und verzeihende Gott ist es, der ihr Kraft gibt.

Gerade Kraft brauchen Eltern ganz besonders, weiß Saalfrank. Durch die emotionalen Grenzen, an die ihre Kinder sie führen, komme viel Verborgenes an die Oberfläche. Besonders die Wut der Kinder sei eine wunderbare Chance für die eigene Persönlichkeitsentwicklung. (AS)

KATHARINA SAALFRANK,

geb. 1971, Pädagogin, Familiencoach, „Super Nanny“ bei RTL von 2004 bis 2011

Literaturhinweise

Wenn Sie noch mehr über die porträtierten Frauen erfahren wollen, werden Sie hier fündig:

Tara Stella Deetjen
Tara Stella Deetjen, Unberührbar. Mein Leben unter den Bettlern von Benares, Fischer Taschenbuch 2017

Sabine Ball
Steffen Kern, Mehr als Millionen. Sabine Ball: Millionärin – Hippie – Mutter Teresa von Dresden, Brunnen Verlag Gießen 2008

Lorena Jenal
www.sr-lorena.ch
www.missio-hilft.de

Catherine Booth
Roger J. Green, Catherine Booth. Dienerin der Armen, Gewissen der Reichen und Anwältin der Verlorenen, Brunnen Verlag Gießen 2010 (nur antiquarisch)

Katharina von Bora
Ursula Koch, Rosen im Schnee. Katharina Luther, geborene von Bora, Brunnen Verlag Gießen 2017 (E-Book)
Petra Gerster/Christian Nürnberger, Martin Luther und Katharina von Bora: Der rebellische Mönch, die entlaufene Nonne und der größte Bestseller aller Zeiten, insel taschenbuch 2017

Esther Chang
Esther Chang/Eugene Bach, Die Schmugglerin des Lichts, Brunnen Verlag Gießen 2018

Harriet Tubman
Film „Harriet – Der Weg in die Freiheit“ (Kasi Lemmons, 2019)

Hildegard von Bingen
Heike Koschyk, Hildegard von Bingen. Ein Leben im Licht: Biografie, Aufbau Taschenbuch 2009

Edith Stein
Gabriele Ziegler, Edith Stein. Suchend, wachsam und entschieden, Vier-Türme-Verlag 2017

Dorothea Christiane Erxleben
Emmy Kraetke-Rumpf, Die Ärztin aus Quedlinburg. Das Leben der Dorothea Christiane Erxleben, Francke-Buch 2006

Linda Zervakis
Linda Zervakis, Königin der Bunten Tüte. Geschichten aus dem Kiosk, Rowohlt Taschenbuch 2013

Bertha von Suttner
Brigitte Hamann, Bertha von Suttner: Kämpferin für den Frieden, Piper Taschenbuch 2015

Adele Neuhauser
Adele Neuhauser, Ich war mein größter Feind. Autobiografie, Piper Taschenbuch 2019

Nina Hagen
Nina Hagen, Bekenntnisse, Knaur Taschenbuch 2011 (nur antiquarisch)

Julia Albrecht, Corinna Ponto
Julia Albrecht/Corinna Ponto, Patentöchter. Im Schatten der RAF – ein Dialog, Kiepenheuer&Witsch 2011

Rosie Swale Pope
Rosie Swale Pope, Mein längster Lauf: 5 Jahre. 53 Paar Schuhe. 29 Heiratsanträge. Einmal um die Welt, Eden Books 2018 (E-Book oder antiquarisch)

Anna Magdalena Bach
Eleonore Dehnerdt, Die Sängerin. Anna Magdalena Bach, Brunnen Verlag Gießen 2019

Michelle Robinson Obama
Michelle Obama, BECOMING: Meine Geschichte, Goldmann Verlag 2018

Katrin Behr
Katrin Behr/Peter Hartl, Entrissen. Der Tag, als die DDR mir meine Mutter nahm, Knaur Taschenbücher 2014
zwangsadoptierte-kinder.de
katrin-behr.com

Elisabeth von Thadden
Martha Schad, Frauen gegen Hitler. Vergessene Widerstandskämpferinnen im Nationalsozialismus, Herbig 2010
elisabeth-von-thadden-schule.de

Pranitha Timothy
Pranitha Timothy, Liebe ohne Grenzen. Gottes leise Stimme für die Unterdrückten, SCM Hänssler 2016 (E-Book)

Florida Zimmermann
Florida Zimmermann/Andrea Specht, Durchbrecherin. Mein langer Weg nach Hause – mitten durch Terror, Selbstablehnung und Zerbruch, SCM Hänssler 2022
www.offnigshuus.ch

Donata Wenders
Donata Wenders/Wim Wenders, pina. Der Film und die Tänzer, Schirmer/Mosel 2012

Jennifer Strickland
Jennifer Strickland, Bekenntnisse eines Topmodels. Ein ungeschminkter Blick hinter die Kulissen der Modewelt, Gerth Medien 2012 (nur antiquarisch)

Teresa von Ávila
Alois Prinz, Teresa von Ávila. Die Biographie, insel taschenbuch 2015

Katharina Saalfrank
Katharina Saalfrank, Du bist okay, so wie du bist. Das Ende der Erziehung, Kiepenheuer&Witsch 2013
Katharina Saalfrank, Die Reise zur glücklichen Eltern-Kind-Beziehung, Beltz 2021
www.katiasaalfrank.de/über-uns/vita

Rechtenachweise

Die hier zusammengestellten Frauenporträts entstammen den Jahrgängen 2011 bis 2023 des FrauenTaschenKalenders, der jährlich im Brunnen Verlag Gießen erscheint.

Fotos:

Stella Deetjen: picture alliance

Sabine Ball: Bundesministerium für Familie, Senioren, Frauen und Jugend, Fotograf: Peter Hönnemann;

Lorena Jenal: © picture alliance/Klaus-Dietmar Gabbert/dpa-Zentralbild/dpa

Ruth Winter: privat

Jutta Herbst-Oehme: privat

Catherine Booth: Heilsarmee

Christine Schmotzer: picture alliance

Katharina von Bora: © Public Domain/Wikimedia Commons

Esther Chang: Buchcover „Schmugglerin des Lichts“: shutterstock

Harriet Tubman: wikimedia.org; National Portrait Gallery

Helen Berhane: EO – Evangelische Omroep, Niederlande

Margaret Brown: © Public Domain/Wikimedia Commons

Hildegard von Bingen: © akg-images / Michael Teller;

Edith Stein: wikimedia commens

Dorothea Christiane Erxleben: picture alliance / akg-images

Linda Zervakis: wikimedia.org (Linda Zervakis 2013, cr He&Me)

Bertha von Suttner: © Public Domain/Wikimedia Commons;

Adele Neuhauser: picture alliance

N. Hagen: Getty Images/Fotograf: Jim Steinfeld/Kontributor;

Esther Mujawayo-Keiner: picture alliance /SCHROEWIG/R.R. (Ausschnitt)

Julia Albrecht, Corinna Ponto: © picture alliance;

Susanna Wesley: © Public Domain/Wikimedia Commons

Andrea Sawatzki: © picture alliance/Geisler-Fotopress | Clemens Niehaus

Rosie Swale Pope, Mein längster Lauf Eden Books 2018_4 © Steven Seaton

Eleanor Roosevelt: © Public Domain/Wikimedia Commons

Elly Heuss-Knapp: Foto: L. Christensen; Familienarchiv Heuss, Basel

Noten zu Anna Magdalena Bach: Autograph von Joh. Seb. Bach: 1. Notenseite des 1. Satzes aus dem Clavier-Büchlein für Anna Magdalena Bachin, Copyright: bpk/SBB (Ausschnitt);

Michelle Robinson Obama: © EPG_EuroPhotoGraphics/shutterstock

Rosa Parks: National Archives and Records Administration Records of the U.S. Information Agency Record Group 306/Wikimedia Commens

Katrin Behr: privat

Elisabeth von Thadden: © Elisabeth-von-Thadden-Schule, Heidelberg, (Ausschnitt)

Pranitha Timothy: International Justice Mission, Berlin

Hildegard Hamm-Brücher: picture alliance / dpa

Sojourner Truth: © Public Domain/Wikimedia Commons

Florida Zimmermann: www.fotovilla.ch

Donata Wenders: DDPimages

Jennifer Strickland: privat

Teresa von Ávila: gemalt von François Gérard (1770-1837), Quelle: wikipedia

Mahalia Jackson: picture alliance/Everett Collection, Fotograf: Copyright © CSU Archives/Everett Collection/Everett Collectio;

Katharina Saalfrank: © picture alliance/ZB

Zitate:

Die Rechte für folgende Zitate liegen bei den Autorinnen, mit freundlicher Erlaubnis: Nina Hagen, Heidi Krause-Frische, Valerie Lill, Katharina Saalfrank.

Corinna Ponto aus: Julia Albrecht/Corinna Ponto, Patentöchter. Im Schatten der RAF – ein Dialog, © 2011 Verlag Kiepenheuer & Witsch GmbH & Co. KG, Köln.

Christine Schmotzer aus: https://n-land.de/lokales/hersbruck/engel-der-kranken, 12.01.2022.

Linda Zervakis aus: https://www.facebook.com/bayern2/photos/ a.212491648777015/610820515920560 5/?type=3, 17.01.2022, und aus: HanseStyle Nr. 4 2015/2016.

Stella Deetjen aus: Tara Stella Deetjen, Unberührbar. Mein Leben unter den Bettlern von Benares, Fischer Krüger 2015, S. 281.

Florida Zimmermann aus: Florida Zimmermann, Andrea Specht: Durchbrecherin, SCM Hänssler 2022, S. 226

Adele Neuhauser aus: https://www.daserste.de/information/reportage-dokumentation/echtesleben/videos/adele-neuhauser-der-tatort-die-bibi-und-ich-video-100.html, 17.01.2022.

Originaltext im Artikel Nina Hagen aus: Nina Hagen, Bekenntnisse © 2010 Pattloch Verlag GmbH & Co. KG, München.

Trotz intensiver Recherche konnten nicht für alle Zitate die Rechteinhaber ausfindig gemacht werden. Der Verlag dankt für Hinweise.

Bibelzitate:

Sprüche 16,3: Neue Genfer Übersetzung. Die Sprüche, © 2015 Deutsche Bibelgesellschaft, Stuttgart.

Psalm 121,1-2: Bibeltext der Neuen Genfer Übersetzung – Neues Testament und Psalmen. Copyright © 2011 Genfer Bibelgesellschaft.

Jeremia 31,3: Lutherbibel, revidiert 2017, © 2016 Deutsche Bibelgesellschaft, Stuttgart.

Hebräer 13,7: Luther 1912.

Römer 8,31; Jesaja 66,13: Die Bibelstellen sind der Übersetzung Hoffnung für alle® entnommen, Copyright © 1983, 1996, 2002, 2015 by Biblica, Inc.®. Verwendet mit freundlicher Genehmigung des Herausgebers Fontis.

Claudia Filker / Andrea Specht

Weltbewegerinnen

40 starke Frauen
und ihre Geschichte

192 Seiten, Hardcover
978-3-7655-0758-8

Vierzig berührende Kurzporträts über starke Frauen aus dem 18. Jahrhundert bis in die Gegenwart. Alle Frauen haben etwas Besonderes gewagt oder erreicht, gemeinsam etwas bewältigt, Grenzen überwunden, Klugheit bewiesen, mit dem Mut des Herzens und/oder Glaubens gehandelt ... So setzt sich eine Baronesse aus Riga für Leibeigene ein, die von den Taliban verfolgte Malala kämpft für die Bildung von Mädchen und erhält den Friedensnobelpreis. Die lebensbejahende Sophie Scholl geht furchtlos, gelassen und fest im Glauben zur Hinrichtung. Friederike Garbe eröffnet eine Babyklappe. Die taubblinde Helen Keller wird zum „Engel der Blinden“. Selma Lagerlöf hilft Nelly Sachs zur Flucht vor den Nazis. Ruth Pfau kämpft gegen Lepra und Tuberkulose in Pakistan. 40 konzentrierte Lebensbilder, die Mut machen, sich ebenfalls einzusetzen.

DER *Frauen* TASCHEN KALENDER

von Claudia Filker und Andrea Specht

176 Seiten, Hardcover, mit Gummiband zum Verschließen, Lesebändchen, Stiftschlaufe und praktischer Innentasche

Ein Tages- und Wochenplaner. Mit seinem handlichen Format passt der kleine Buchkalender in jede Handtasche. Das Besondere: Jeden Monat wird eine Frau porträtiert, die etwas Außergewöhnliches gewagt und erreicht hat. Dazu gibt es inspirierende Zitate und Platz für eigene Notizen.